A ARTE DE CONJUGAR

Verbos Italianos

de
Mimma Diaco
Laura Kraft

Tradução
MONICA STAHEL

wmf **martinsfontes**

Esta obra foi publicada originalmente em alemão com o título
VERBTABELLEN ITALIENISCH por Ernst Klett Verlag, Stuttgart.

1ª edição *2001*
2ª edição *2010*
3ª tiragem *2022*

Tradução
MONICA STAHEL

Revisões
Renato da Rocha Carlos
Lilian Jenkino
Produção gráfica
Geraldo Alves
Paginação
Studio 3 Desenvolvimento Editorial
Capa
Katia Harumi Terasaka Aniya

Dados Internacionais de Catalogação na Publicação (CIP)
(Câmara Brasileira do Livro, SP, Brasil)

Diaco, Mimma
A arte de conjugar verbos italianos / de Mimma Diaco, Laura Kraft ; tradução Monica Stahel. – 2ª ed. – São Paulo : Editora WMF Martins Fontes, 2010.

Título original: Verbtabellen Italienisch.
ISBN 978-85-7827-216-6

1. Italiano – Verbos I. Kraft, Laura. II. Título.

09-10541 CDD-455

Índices para catálogo sistemático:
1. Verbos : Italiano : Linguística 455

Editora WMF Martins Fontes Ltda.
Rua Prof. Laerte Ramos de Carvalho, 133 01325.030 São Paulo SP Brasil
Tel. (11) 3293.8150 e-mail: info@wmfmartinsfontes.com.br
http://www.wmfmartinsfontes.com.br

Sumário

Como utilizar este livro

Este livro pode ser utilizado por quem deseja conhecer e fixar as formas de um determinado verbo e, ao mesmo tempo, informar-se sobre suas particularidades e irregularidades. Também pode ser utilizado para consultas rápidas, quando se apresenta alguma dúvida sobre o emprego de uma determinada forma verbal.

A arte de conjugar verbos italianos lhe oferece tabelas de conjugação de 72 verbos regulares e irregulares, um verbo pronominal reflexivo e um na voz passiva. Esses modelos de conjugação mostram todas as formas – inclusive as compostas – numa mesma página, facilitando a consulta e a visualização. As particularidades de cada verbo são grafadas em cores e resumidas em fórmulas práticas, colocadas no alto da respectiva tabela de conjugação.

Construção das tabelas de conjugação

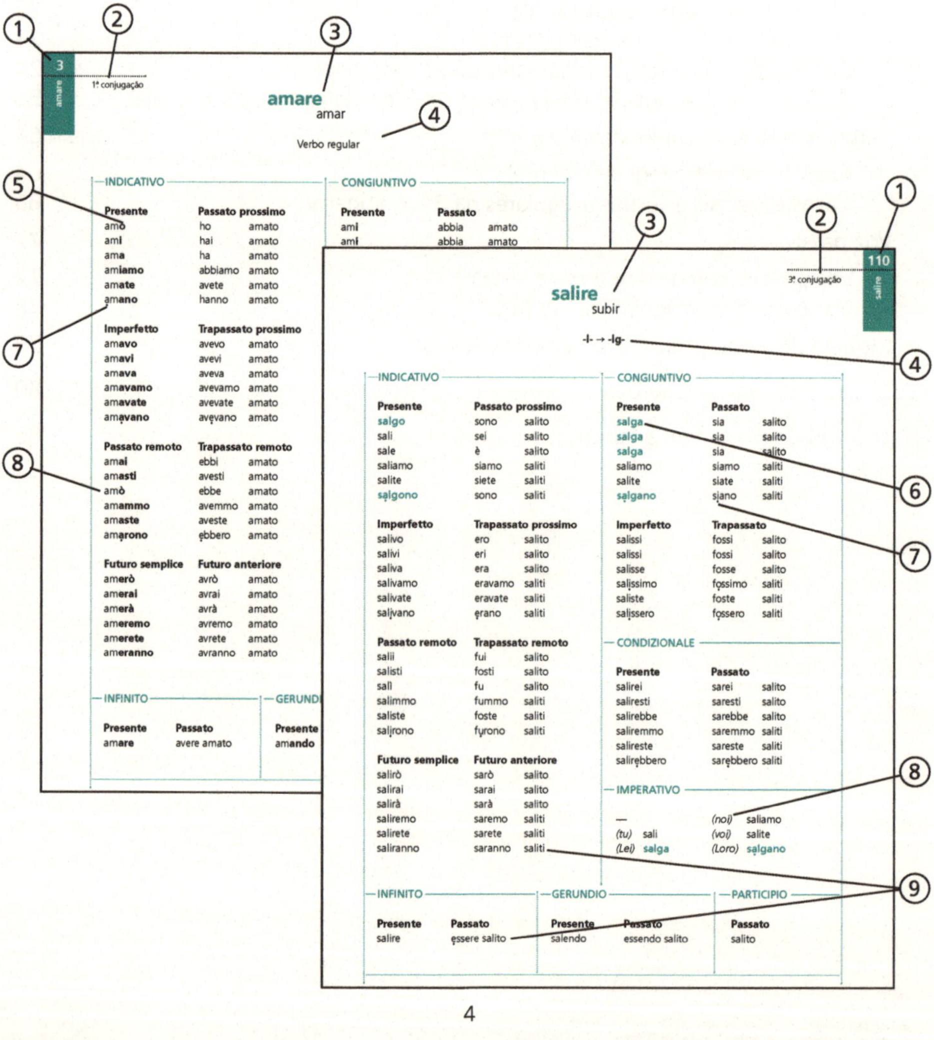

① **Número da tabela:** Identificação da posição de cada verbo na lista por ordem alfabética.

② **Grupo verbal:** Indicação do grupo verbal a que pertence o verbo. Em italiano há três grupos verbais:

1ª conjugação: Verbos em **-are**
2ª conjugação: Verbos em **-ere**
3ª conjugação: Verbos em **-ire**

③ **Verbo e tradução:** Identificação do verbo conjugado, que servirá de exemplo para todos os verbos semelhantes (da mesma conjugação).

④ **Características:** Indicação das particularidades ou irregularidades do verbo.

⑤ **Destaque das desinências:** Nos verbos regulares que servem de modelo de conjugação do 1º, 2º e 3º grupos (nºs 4, 5 e 6), as desinências de cada forma são grafadas em negrito.

⑥ **Destaque em cores:** Nos verbos irregulares, as formas que divergem da conjugação regular são grafadas em verde.

⑦ **Ponto para indicar a sílaba tônica:** Na maioria das palavras italianas, a sílaba tônica é a penúltima. As palavras oxítonas levam acento grave. Nas formas verbais que fogem a essa regra, a vogal tônica é indicada por um ponto debaixo dela.

⑧ **Pronomes pessoais:** Os pronomes pessoais (*io tú Lei, noi, voi, Loro*) não constam junto das formas verbais correspondentes. No imperativo, no entanto, eles são indicados para melhor orientação.

⑨ **Omissão das formas femininas:** Para facilitar a visualização, nos verbos conjugados com *essere* só se menciona a forma masculina do particípio (*sono andato* e não *sono andato/-a, siamo andati* e não *siamo andati/-e*).

Na lista de **verbos em ordem alfabética** do final deste livro, você encontrará cerca de 1.550 verbos irregulares, com a indicação do número do verbo cuja conjugação lhe serve como modelo. Além disso, nessa lista aparece a informação sobre o emprego de *avere* ou *essere* com cada verbo.

Atenção: na página 7 você encontrará algumas **observações sobre ortografia**. E na página 80 há uma lista de exemplos que mostram as **preposições corretas** a serem empregadas com os verbos italianos importantes.

Bom proveito!

Observações sobre ortografia

Muitos verbos em italiano sofrem alterações ortográficas ao serem conjugados para que a pronúncia da forma principal se mantenha:

- Nos verbos terminados em **-care** e **-gare**, antes do **-e** e do **-i** final introduz-se um **-h-** Portanto **c** → **ch** e **g** → **gh**.

  cer**care** → cerco, cer**ch**i, cerca, cer**ch**iamo, ...
  pa**gare** → pago, pa**gh**i, paga, pa**gh**iamo, ...

- Verbos terminados em **-ciare**, **-giare** e **-sciare** perdem o **-i-** do radical antes das terminações que se iniciam com **-i** ou **-e**.

  ba**ciare** → bac**i**, ..., bac**iamo**, ...
  man**giare** → mang**erò**, mang**erai**, ...
  la**sciare** → lasc**iamo**, lasc**erete**, ...

- Verbos terminados em **-iare**, o **-i-** átono cai antes do **-i** da terminação.

  stud**iare** → studio, stụd**i**, studia, stud**iạmo**, ...

  O **-i-** tônico se conserva.

  avv**iare** → avvio, avv**ịi**, avvia, ...; avv**ịino**, ...

- Atenção: nos verbos em **-cere** e **-gere** a pronúncia do **-c-** e do **-g-** varia conforme a terminação, sem que nenhuma letra seja introduzida ou alterada.

  vin**cere** → vin**c**o, vin**c**i, vin**c**e, vin**c**iamo, ...
  leg**gere** → leg**g**o, leg**g**i, leg**g**e, leg**g**iamo, ...

  No entanto, não há regra sem exceção. No verbo **cuocere** a pronúncia da forma básica se mantém, portanto antes de **-a** e de **-o** é introduzido um **-i-**, ou seja, **c** → **ci**.

  cuo**cere** → cuo**ci**o, cuoci, cuoce, cuo**ci**amo, ...

- Mas os verbos em -**cere** cujo *participio passato* termina regularmente em **-uto** recebem um **-i-** antes dessa terminação.

  pia**cere** → piac**i**uto
  conos**cere** → conosc**i**uto

- Nos verbos em **-cire**, introduz-se um **-i-** antes das terminações **-a** e **-o**, ou seja, **c** → **ci**.

  cu**cire** → cuc**i**o, cuci, ..., cuc**i**ono, ...

- Atenção: Nos verbos terminados em **-gire** a pronúncia do **-g-** é determinada pela terminação, ou seja, não ocorre alteração de ortografia.

  fug**gire** → fug**g**o, fug**g**i, fug**g**e, ...

2ª conjugação

ẹssere
ser

Verbo auxiliar

INDICATIVO

Presente	Passato prossimo	
sono	sono	stato
sei	sei	stato
è	è	stato
siamo	siamo	stati
siete	siete	stati
sono	sono	stati

Imperfetto	Trapassato prossimo	
ero	ero	stato
eri	eri	stato
era	era	stato
eravamo	eravamo	stati
eravate	eravate	stati
ẹrano	ẹrano	stati

Passato remoto	Trapassato remoto	
fui	fui	stato
fosti	fosti	stato
fu	fu	stato
fummo	fummo	stati
foste	foste	stati
fụrono	fụrono	stati

Futuro semplice	Futuro anteriore	
sarò	sarò	stato
sarai	sarai	stato
sarà	sarà	stato
saremo	saremo	stati
sarete	sarete	stati
saranno	saranno	stati

CONGIUNTIVO

Presente	Passato	
sia	sia	stato
sia	sia	stato
sia	sia	stato
siamo	siamo	stati
siate	siate	stati
sịano	sịano	stati

Imperfetto	Trapassato	
fossi	fossi	stato
fossi	fossi	stato
fosse	fosse	stato
fọssimo	fọssimo	stati
foste	foste	stati
fọssero	fọssero	stati

CONDIZIONALE

Presente	Passato	
sarei	sarei	stato
saresti	saresti	stato
sarebbe	sarebbe	stato
saremmo	saremmo	stati
sareste	sareste	stati
sarẹbbero	sarẹbbero	stati

IMPERATIVO

—		*(noi)*	siamo
(tu)	sii	*(voi)*	siate
(Lei)	sia	*(Loro)*	sịano

INFINITO

Presente	Passato
ẹssere	ẹssere stato

GERUNDIO

Presente	Passato
essendo	essendo stato

PARTICIPIO

Passato
stato

avere
ter

Verbo auxiliar

INDICATIVO

Presente	Passato prossimo	
ho	ho	avuto
hai	hai	avuto
ha	ha	avuto
abbiamo	abbiamo	avuto
avete	avete	avuto
hanno	hanno	avuto

Imperfetto	Trapassato prossimo	
avevo	avevo	avuto
avevi	avevi	avuto
aveva	aveva	avuto
avevamo	avevamo	avuto
avevate	avevate	avuto
avẹvano	avẹvano	avuto

Passato remoto	Trapassato remoto	
ebbi	ebbi	avuto
avesti	avesti	avuto
ebbe	ebbe	avuto
avemmo	avemmo	avuto
aveste	aveste	avuto
ẹbbero	ẹbbero	avuto

Futuro semplice	Futuro anteriore	
avrò	avrò	avuto
avrai	avrai	avuto
avrà	avrà	avuto
avremo	avremo	avuto
avrete	avrete	avuto
avranno	avranno	avuto

CONGIUNTIVO

Presente	Passato	
abbia	abbia	avuto
abbia	abbia	avuto
abbia	abbia	avuto
abbiamo	abbiamo	avuto
abbiate	abbiate	avuto
ạbbiano	ạbbiano	avuto

Imperfetto	Trapassato	
avessi	avessi	avuto
avessi	avessi	avuto
avesse	avesse	avuto
avẹssimo	avẹssimo	avuto
aveste	aveste	avuto
avẹssero	avẹssero	avuto

CONDIZIONALE

Presente	Passato	
avrei	avrei	avuto
avresti	avresti	avuto
avrebbe	avrebbe	avuto
avremmo	avremmo	avuto
avreste	avreste	avuto
avrẹbbero	avrẹbbero	avuto

IMPERATIVO

—		*(noi)*	abbiamo
(tu)	abbi	*(voi)*	abbiate
(Lei)	abbia	*(Loro)*	ạbbiano

INFINITO

Presente	Passato
avere	avere avuto

GERUNDIO

Presente	Passato
avendo	avendo avuto

PARTICIPIO

Passato
avuto

1ª conjugação

amare

amar

Verbo regular

INDICATIVO

Presente	Passato prossimo	
am**o**	ho	amato
am**i**	hai	amato
am**a**	ha	amato
am**iamo**	abbiamo	amato
am**ate**	avete	amato
ạm**ano**	hanno	amato

Imperfetto	Trapassato prossimo	
am**avo**	avevo	amato
am**avi**	avevi	amato
am**ava**	aveva	amato
am**avamo**	avevamo	amato
am**avate**	avevate	amato
am**ạvano**	avẹvano	amato

Passato remoto	Trapassato remoto	
am**ai**	ebbi	amato
am**asti**	avesti	amato
am**ò**	ebbe	amato
am**ammo**	avemmo	amato
am**aste**	aveste	amato
am**ạrono**	ẹbbero	amato

Futuro semplice	Futuro anteriore	
am**erò**	avrò	amato
am**erai**	avrai	amato
am**erà**	avrà	amato
am**eremo**	avremo	amato
am**erete**	avrete	amato
am**eranno**	avranno	amato

CONGIUNTIVO

Presente	Passato	
am**i**	abbia	amato
am**i**	abbia	amato
am**i**	abbia	amato
am**iamo**	abbiamo	amato
am**iate**	abbiate	amato
ạm**ino**	ạbbiano	amato

Imperfetto	Trapassato	
am**assi**	avessi	amato
am**assi**	avessi	amato
am**asse**	avesse	amato
am**ạssimo**	avẹssimo	amato
am**aste**	aveste	amato
am**ạssero**	avẹssero	amato

CONDIZIONALE

Presente	Passato	
am**erei**	avrei	amato
am**eresti**	avresti	amato
am**erebbe**	avrebbe	amato
am**eremmo**	avremmo	amato
am**ereste**	avreste	amato
am**erẹbbero**	avrẹbbero	amato

IMPERATIVO

—		*(noi)*	am**iamo**
(tu)	am**a**	*(voi)*	am**ate**
(Lei)	am**i**	*(Loro)*	ạm**ino**

INFINITO

Presente	Passato
am**are**	avere amato

GERUNDIO

Presente	Passato
am**ando**	avendo amato

PARTICIPIO

Passato
am**ato**

andare

andar, ir

INDICATIVO

Presente	Passato prossimo	
vado	sono	andato
vai	sei	andato
va	è	andato
andiamo	siamo	andati
andate	siete	andati
vanno	sono	andati

Imperfetto	Trapassato prossimo	
andavo	ero	andato
andavi	eri	andato
andava	era	andato
andavamo	eravamo	andati
andavate	eravate	andati
andạvano	ẹrano	andati

Passato remoto	Trapassato remoto	
andai	fui	andato
andasti	fosti	andato
andò	fu	andato
andammo	fummo	andati
andaste	foste	andati
andạrono	fụrono	andati

Futuro semplice	Futuro anteriore	
andrò	sarò	andato
andrai	sarai	andato
andrà	sarà	andato
andremo	saremo	andati
andrete	sarete	andati
andranno	saranno	andati

CONGIUNTIVO

Presente	Passato	
vada	sia	andato
vada	sia	andato
vada	sia	andato
andiamo	siamo	andati
andiate	siate	andati
vạdano	sịano	andati

Imperfetto	Trapassato	
andassi	fossi	andato
andassi	fossi	andato
andasse	fosse	andato
andạssimo	fọssimo	andati
andaste	foste	andati
andạssero	fọssero	andati

CONDIZIONALE

Presente	Passato	
andrei	sarei	andato
andresti	saresti	andato
andrebbe	sarebbe	andato
andremmo	saremmo	andati
andreste	sareste	andati
andrẹbbero	sarẹbbero	andati

IMPERATIVO

—		*(noi)*	andiamo
(tu)	va' / vai	*(voi)*	andate
(Lei)	vada	*(Loro)*	vạdano

INFINITO

Presente	Passato
andare	ẹssere andato

GERUNDIO

Presente	Passato
andando	essendo andato

PARTICIPIO

Passato
andato

1ª conjugação

avviare

aviar

Verbo regular, mas: **-i-** tônico + **-i-** → **-ii-** / **-i-** átomo + **-i-** → **-i-**

INDICATIVO

Presente	Passato prossimo	
avvio	ho	avviato
avvii	hai	avviato
avvia	ha	avviato
avviamo	abbiamo	avviato
avviate	avete	avviato
ạvviano	hanno	avviato

Imperfetto	Trapassato prossimo	
avviavo	avevo	avviato
avviavi	avevi	avviato
avviava	aveva	avviato
avviavamo	avevamo	avviato
avviavate	avevate	avviato
avviạvano	avẹvano	avviato

Passato remoto	Trapassato remoto	
avviai	ebbi	avviato
avviasti	avesti	avviato
avviò	ebbe	avviato
avviammo	avemmo	avviato
avviaste	aveste	avviato
avviạrono	ẹbbero	avviato

Futuro semplice	Futuro anteriore	
avvierò	avrò	avviato
avvierai	avrai	avviato
avvierà	avrà	avviato
avvieremo	avremo	avviato
avvierete	avrete	avviato
avvieranno	avranno	avviato

CONGIUNTIVO

Presente	Passato	
avvii	abbia	avviato
avvii	abbia	avviato
avvii	abbia	avviato
avviamo	abbiamo	avviato
avviate	abbiate	avviato
ạvviino	ạbbiano	avviato

Imperfetto	Trapassato	
avviassi	avessi	avviato
avviassi	avessi	avviato
avviasse	avesse	avviato
avviạssimo	avẹssimo	avviato
avviaste	aveste	avviato
avviạssero	avẹssero	avviato

CONDIZIONALE

Presente	Passato	
avvierei	avrei	avviato
avvieresti	avresti	avviato
avvierebbe	avrebbe	avviato
avvieremmo	avremmo	avviato
avviereste	avreste	avviato
avvierẹbbero	avrẹbbero	avviato

IMPERATIVO

—		*(noi)*	avviamo
(tu)	avvia	*(voi)*	avviate
(Lei)	avvii	*(Loro)*	ạvviino

INFINITO

Presente	Passato
avviare	avere avviato

GERUNDIO

Presente	Passato
avviando	avendo avviato

PARTICIPIO

Passato
avviato

baciare
beijar

Verbo regular, mas: **-ci- + -e- → -ce- / -ci- + -i- → -ci-**

INDICATIVO

Presente	Passato prossimo	
bacio	ho	baciato
baci	hai	baciato
bacia	ha	baciato
baciamo	abbiamo	baciato
baciate	avete	baciato
baciano	hanno	baciato

Imperfetto	Trapassato prossimo	
baciavo	avevo	baciato
baciavi	avevi	baciato
baciava	aveva	baciato
baciavamo	avevamo	baciato
baciavate	avevate	baciato
baciavano	avevano	baciato

Passato remoto	Trapassato remoto	
baciai	ebbi	baciato
baciasti	avesti	baciato
baciò	ebbe	baciato
baciammo	avemmo	baciato
baciaste	aveste	baciato
baciarono	ebbero	baciato

Futuro semplice	Futuro anteriore	
bacerò	avrò	baciato
bacerai	avrai	baciato
bacerà	avrà	baciato
baceremo	avremo	baciato
bacerete	avrete	baciato
baceranno	avranno	baciato

CONGIUNTIVO

Presente	Passato	
baci	abbia	baciato
baci	abbia	baciato
baci	abbia	baciato
baciamo	abbiamo	baciato
baciate	abbiate	baciato
bacino	abbiano	baciato

Imperfetto	Trapassato	
baciassi	avessi	baciato
baciassi	avessi	baciato
baciasse	avesse	baciato
baciassimo	avessimo	baciato
baciaste	aveste	baciato
baciassero	avessero	baciato

CONDIZIONALE

Presente	Passato	
bacerei	avrei	baciato
baceresti	avresti	baciato
bacerebbe	avrebbe	baciato
baceremmo	avremmo	baciato
bacereste	avreste	baciato
bacerebbero	avrebbero	baciato

IMPERATIVO

—		*(noi)*	baciamo
(tu)	bacia	*(voi)*	baciate
(Lei)	baci	*(Loro)*	bacino

INFINITO

Presente	Passato
baciare	avere baciato

GERUNDIO

Presente	Passato
baciando	avendo baciato

PARTICIPIO

Passato
baciato

1ª conjugação

cercare

procurar

Verbo regular, mas: **-c-** → **-ch-** antes de **-e** e **-i**

INDICATIVO

Presente	Passato prossimo	
cerco	ho	cercato
cerchi	hai	cercato
cerca	ha	cercato
cerchiamo	abbiamo	cercato
cercate	avete	cercato
cẹrcano	hanno	cercato

Imperfetto	Trapassato prossimo	
cercavo	avevo	cercato
cercavi	avevi	cercato
cercava	aveva	cercato
cercavamo	avevamo	cercato
cercavate	avevate	cercato
cercạvano	avẹvano	cercato

Passato remoto	Trapassato remoto	
cercai	ebbi	cercato
cercasti	avesti	cercato
cercò	ebbe	cercato
cercammo	avemmo	cercato
cercaste	aveste	cercato
cercạrono	ẹbbero	cercato

Futuro semplice	Futuro anteriore	
cercherò	avrò	cercato
cercherai	avrai	cercato
cercherà	avrà	cercato
cercheremo	avremo	cercato
cercherete	avrete	cercato
cercheranno	avranno	cercato

CONGIUNTIVO

Presente	Passato	
cerchi	abbia	cercato
cerchi	abbia	cercato
cerchi	abbia	cercato
cerchiamo	abbiamo	cercato
cerchiate	abbiate	cercato
cẹrchino	ạbbiano	cercato

Imperfetto	Trapassato	
cercassi	avessi	cercato
cercassi	avessi	cercato
cercasse	avesse	cercato
cercạssimo	avẹssimo	cercato
cercaste	aveste	cercato
cercạssero	avẹssero	cercato

CONDIZIONALE

Presente	Passato	
cercherei	avrei	cercato
cercheresti	avresti	cercato
cercherebbe	avrebbe	cercato
cercheremmo	avremmo	cercato
cerchereste	avreste	cercato
cercherẹbbero	avrẹbbero	cercato

IMPERATIVO

—		*(noi)*	cerchiamo
(tu)	cerca	*(voi)*	cercate
(Lei)	cerchi	*(Loro)*	cẹrchino

INFINITO

Presente	Passato
cercare	avere cercato

GERUNDIO

Presente	Passato
cercando	avendo cercato

PARTICIPIO

Passato
cercato

dare
dar

INDICATIVO

Presente	Passato prossimo	
do	ho	dato
dai	hai	dato
dà	ha	dato
diamo	abbiamo	dato
date	avete	dato
danno	hanno	dato

Imperfetto	Trapassato prossimo	
davo	avevo	dato
davi	avevi	dato
dava	aveva	dato
davamo	avevamo	dato
davate	avevate	dato
dạvano	avẹvano	dato

Passato remoto	Trapassato remoto	
diedi / detti	ebbi	dato
desti	avesti	dato
diede / dette	ebbe	dato
demmo	avemmo	dato
deste	aveste	dato
diẹdero / dẹttero	ẹbbero	dato

Futuro semplice	Futuro anteriore	
darò	avrò	dato
darai	avrai	dato
darà	avrà	dato
daremo	avremo	dato
darete	avrete	dato
daranno	avranno	dato

CONGIUNTIVO

Presente	Passato	
dia	abbia	dato
dia	abbia	dato
dia	abbia	dato
diamo	abbiamo	dato
diate	abbiate	dato
dịano	ạbbiano	dato

Imperfetto	Trapassato	
dessi	avessi	dato
dessi	avessi	dato
desse	avesse	dato
dẹssimo	avẹssimo	dato
deste	aveste	dato
dẹssero	avẹssero	dato

CONDIZIONALE

Presente	Passato	
darei	avrei	dato
daresti	avresti	dato
darebbe	avrebbe	dato
daremmo	avremmo	dato
dareste	avreste	dato
darẹbbero	avrẹbbero	dato

IMPERATIVO

—		*(noi)*	diamo
(tu)	da' / dai	*(voi)*	date
(Lei)	dia	*(Loro)*	dịano

INFINITO

Presente	Passato
dare	avere dato

GERUNDIO

Presente	Passato
dando	avendo dato

PARTICIPIO

Passato
dato

1ª conjugação

lasciare

deixar

Verbo regular, mas: **-sci- + -e- → -sce- / -sci- + -i- → -sci-**

INDICATIVO

Presente	Passato prossimo	
lascio	ho	lasciato
lasci	hai	lasciato
lascia	ha	lasciato
lasciamo	abbiamo	lasciato
lasciate	avete	lasciato
lasciano	hanno	lasciato

Imperfetto	Trapassato prossimo	
lasciavo	avevo	lasciato
lasciavi	avevi	lasciato
lasciava	aveva	lasciato
lasciavamo	avevamo	lasciato
lasciavate	avevate	lasciato
lasciavano	avevano	lasciato

Passato remoto	Trapassato remoto	
lasciai	ebbi	lasciato
lasciasti	avesti	lasciato
lasciò	ebbe	lasciato
lasciammo	avemmo	lasciato
lasciaste	aveste	lasciato
lasciarono	ebbero	lasciato

Futuro semplice	Futuro anteriore	
lascerò	avrò	lasciato
lascerai	avrai	lasciato
lascerà	avrà	lasciato
lasceremo	avremo	lasciato
lascerete	avrete	lasciato
lasceranno	avranno	lasciato

CONGIUNTIVO

Presente	Passato	
lasci	abbia	lasciato
lasci	abbia	lasciato
lasci	abbia	lasciato
lasciamo	abbiamo	lasciato
lasciate	abbiate	lasciato
lascino	abbiano	lasciato

Imperfetto	Trapassato	
lasciassi	avessi	lasciato
lasciassi	avessi	lasciato
lasciasse	avesse	lasciato
lasciassimo	avessimo	lasciato
lasciaste	aveste	lasciato
lasciassero	avessero	lasciato

CONDIZIONALE

Presente	Passato	
lascerei	avrei	lasciato
lasceresti	avresti	lasciato
lascerebbe	avrebbe	lasciato
lasceremmo	avremmo	lasciato
lascereste	avreste	lasciato
lascerebbero	avrebbero	lasciato

IMPERATIVO

—		*(noi)*	lasciamo
(tu)	lascia	*(voi)*	lasciate
(Lei)	lasci	*(Loro)*	lascino

INFINITO

Presente	Passato
lasciare	avere lasciato

GERUNDIO

Presente	Passato
lasciando	avendo lasciato

PARTICIPIO

Passato
lasciato

mangiare
comer

Verbo regular, mas: **-gi- + -e- → -ge- / -gi- + -i- → -gi-**

INDICATIVO

Presente	Passato prossimo	
mangio	ho	mangiato
mangi	hai	mangiato
mangia	ha	mangiato
mangiamo	abbiamo	mangiato
mangiate	avete	mangiato
mangiano	hanno	mangiato

Imperfetto	Trapassato prossimo	
mangiavo	avevo	mangiato
mangiavi	avevi	mangiato
mangiava	aveva	mangiato
mangiavamo	avevamo	mangiato
mangiavate	avevate	mangiato
mangiavano	avevano	mangiato

Passato remoto	Trapassato remoto	
mangiai	ebbi	mangiato
mangiasti	avesti	mangiato
mangiò	ebbe	mangiato
mangiammo	avemmo	mangiato
mangiaste	aveste	mangiato
mangiarono	ebbero	mangiato

Futuro semplice	Futuro anteriore	
mangerò	avrò	mangiato
mangerai	avrai	mangiato
mangerà	avrà	mangiato
mangeremo	avremo	mangiato
mangerete	avrete	mangiato
mangeranno	avranno	mangiato

CONGIUNTIVO

Presente	Passato	
mangi	abbia	mangiato
mangi	abbia	mangiato
mangi	abbia	mangiato
mangiamo	abbiamo	mangiato
mangiate	abbiate	mangiato
mangino	abbiano	mangiato

Imperfetto	Trapassato	
mangiassi	avessi	mangiato
mangiassi	avessi	mangiato
mangiasse	avesse	mangiato
mangiassimo	avessimo	mangiato
mangiaste	aveste	mangiato
mangiassero	avessero	mangiato

CONDIZIONALE

Presente	Passato	
mangerei	avrei	mangiato
mangeresti	avresti	mangiato
mangerebbe	avrebbe	mangiato
mangeremmo	avremmo	mangiato
mangereste	avreste	mangiato
mangerebbero	avrebbero	mangiato

IMPERATIVO

—		*(noi)*	mangiamo
(tu)	mangia	*(voi)*	mangiate
(Lei)	mangi	*(Loro)*	mangino

INFINITO

Presente	Passato
mangiare	avere mangiato

GERUNDIO

Presente	Passato
mangiando	avendo mangiato

PARTICIPIO

Passato
mangiato

pagare

pagar

Verbo regular, mas: **-g-** → **-gh-** antes de **-e** e **-i**

INDICATIVO

Presente	Passato prossimo	
pago	ho	pagato
paghi	hai	pagato
paga	ha	pagato
paghiamo	abbiamo	pagato
pagate	avete	pagato
pagano	hanno	pagato

Imperfetto	Trapassato prossimo	
pagavo	avevo	pagato
pagavi	avevi	pagato
pagava	aveva	pagato
pagavamo	avevamo	pagato
pagavate	avevate	pagato
pagavano	avevano	pagato

Passato remoto	Trapassato remoto	
pagai	ebbi	pagato
pagasti	avesti	pagato
pagò	ebbe	pagato
pagammo	avemmo	pagato
pagaste	aveste	pagato
pagarono	ebbero	pagato

Futuro semplice	Futuro anteriore	
pagherò	avrò	pagato
pagherai	avrai	pagato
pagherà	avrà	pagato
pagheremo	avremo	pagato
pagherete	avrete	pagato
pagheranno	avranno	pagato

CONGIUNTIVO

Presente	Passato	
paghi	abbia	pagato
paghi	abbia	pagato
paghi	abbia	pagato
paghiamo	abbiamo	pagato
paghiate	abbiate	pagato
paghino	abbiano	pagato

Imperfetto	Trapassato	
pagassi	avessi	pagato
pagassi	avessi	pagato
pagasse	avesse	pagato
pagassimo	avessimo	pagato
pagaste	aveste	pagato
pagassero	avessero	pagato

CONDIZIONALE

Presente	Passato	
pagherei	avrei	pagato
pagheresti	avresti	pagato
pagherebbe	avrebbe	pagato
pagheremmo	avremmo	pagato
paghereste	avreste	pagato
pagherebbero	avrebbero	pagato

IMPERATIVO

—		(noi)	paghiamo
(tu)	paga	(voi)	pagate
(Lei)	paghi	(Loro)	paghino

INFINITO

Presente	Passato
pagare	avere pagato

GERUNDIO

Presente	Passato
pagando	avendo pagato

PARTICIPIO

Passato
pagato

stare
estar

INDICATIVO

Presente	Passato prossimo	
sto	sono	stato
stai	sei	stato
sta	è	stato
stiamo	siamo	stati
state	siete	stati
stanno	sono	stati

Imperfetto	Trapassato prossimo	
stavo	ero	stato
stavi	eri	stato
stava	era	stato
stavamo	eravamo	stati
stavate	eravate	stati
stavano	erano	stati

Passato remoto	Trapassato remoto	
stetti	fui	stato
stesti	fosti	stato
stette	fu	stato
stemmo	fummo	stati
steste	foste	stati
stettero	furono	stati

Futuro semplice	Futuro anteriore	
starò	sarò	stato
starai	sarai	stato
starà	sarà	stato
staremo	saremo	stati
starete	sarete	stati
staranno	saranno	stati

CONGIUNTIVO

Presente	Passato	
stia	sia	stato
stia	sia	stato
stia	sia	stato
stiamo	siamo	stati
stiate	siate	stati
stiano	siano	stati

Imperfetto	Trapassato	
stessi	fossi	stato
stessi	fossi	stato
stesse	fosse	stato
stessimo	fossimo	stati
steste	foste	stati
stessero	fossero	stati

CONDIZIONALE

Presente	Passato	
starei	sarei	stato
staresti	saresti	stato
starebbe	sarebbe	stato
staremmo	saremmo	stati
stareste	sareste	stati
starebbero	sarebbero	stati

IMPERATIVO

—		*(noi)*	stiamo
(tu)	sta' / stai	*(voi)*	state
(Lei)	stia	*(Loro)*	stiano

INFINITO

Presente	Passato
stare	essere stato

GERUNDIO

Presente	Passato
stando	essendo stato

PARTICIPIO

Passato
stato

1ª conjugação

studiare

estudar

Verbo regular, mas: **-i- + -i- → -i-**

INDICATIVO

Presente	Passato prossimo	
studio	ho	studiato
studi	hai	studiato
studia	ha	studiato
studiamo	abbiamo	studiato
studiate	avete	studiato
stụdiano	hanno	studiato

Imperfetto	Trapassato prossimo	
studiavo	avevo	studiato
studiavi	avevi	studiato
studiava	aveva	studiato
studiavamo	avevamo	studiato
studiavate	avevate	studiato
studiạvano	avẹvano	studiato

Passato remoto	Trapassato remoto	
studiai	ebbi	studiato
studiasti	avesti	studiato
studiò	ebbe	studiato
studiammo	avemmo	studiato
studiaste	aveste	studiato
studiạrono	ẹbbero	studiato

Futuro semplice	Futuro anteriore	
studierò	avrò	studiato
studierai	avrai	studiato
studierà	avrà	studiato
studieremo	avremo	studiato
studierete	avrete	studiato
studieranno	avranno	studiato

CONGIUNTIVO

Presente	Passato	
studi	abbia	studiato
studi	abbia	studiato
studi	abbia	studiato
studiamo	abbiamo	studiato
studiate	abbiate	studiato
stụdino	ạbbiano	studiato

Imperfetto	Trapassato	
studiassi	avessi	studiato
studiassi	avessi	studiato
studiasse	avesse	studiato
studiạssimo	avẹssimo	studiato
studiaste	aveste	studiato
studiạssero	avẹssero	studiato

CONDIZIONALE

Presente	Passato	
studierei	avrei	studiato
studieresti	avresti	studiato
studierebbe	avrebbe	studiato
studieremmo	avremmo	studiato
studiereste	avreste	studiato
studierẹbbero	avrẹbbero	studiato

IMPERATIVO

—		*(noi)*	studiamo
(tu)	studia	*(voi)*	studiate
(Lei)	studi	*(Loro)*	stụdino

INFINITO

Presente	Passato
studiare	avere studiato

GERUNDIO

Presente	Passato
studiando	avendo studiato

PARTICIPIO

Passato
studiato

tagliare
cortar

Verbo regular, mas: **-gli- + -i- → -gli-**

INDICATIVO

Presente	Passato prossimo	
taglio	ho	tagliato
tagli	hai	tagliato
taglia	ha	tagliato
tagliamo	abbiamo	tagliato
tagliate	avete	tagliato
tagliano	hanno	tagliato

Imperfetto	Trapassato prossimo	
tagliavo	avevo	tagliato
tagliavi	avevi	tagliato
tagliava	aveva	tagliato
tagliavamo	avevamo	tagliato
tagliavate	avevate	tagliato
tagliavano	avevano	tagliato

Passato remoto	Trapassato remoto	
tagliai	ebbi	tagliato
tagliasti	avesti	tagliato
tagliò	ebbe	tagliato
tagliammo	avemmo	tagliato
tagliaste	aveste	tagliato
tagliarono	ebbero	tagliato

Futuro semplice	Futuro anteriore	
taglierò	avrò	tagliato
taglierai	avrai	tagliato
taglierà	avrà	tagliato
taglieremo	avremo	tagliato
taglierete	avrete	tagliato
taglieranno	avranno	tagliato

CONGIUNTIVO

Presente	Passato	
tagli	abbia	tagliato
tagli	abbia	tagliato
tagli	abbia	tagliato
tagliamo	abbiamo	tagliato
tagliate	abbiate	tagliato
taglino	abbiano	tagliato

Imperfetto	Trapassato	
tagliassi	avessi	tagliato
tagliassi	avessi	tagliato
tagliasse	avesse	tagliato
tagliassimo	avessimo	tagliato
tagliaste	aveste	tagliato
tagliassero	avessero	tagliato

CONDIZIONALE

Presente	Passato	
taglierei	avrei	tagliato
taglieresti	avresti	tagliato
taglierebbe	avrebbe	tagliato
taglieremmo	avremmo	tagliato
tagliereste	avreste	tagliato
taglierebbero	avrebbero	tagliato

IMPERATIVO

—		(noi)	tagliamo
(tu)	taglia	(voi)	tagliate
(Lei)	tagli	(Loro)	taglino

INFINITO

Presente	Passato
tagliare	avere tagliato

GERUNDIO

Presente	Passato
tagliando	avendo tagliato

PARTICIPIO

Passato
tagliato

2ª conjugação

bạttere
bater

Verbo regular

INDICATIVO

Presente	Passato prossimo	
batt**o**	ho	battuto
batt**i**	hai	battuto
batt**e**	ha	battuto
batt**iamo**	abbiamo	battuto
batt**ete**	avete	battuto
bạtt**ono**	hanno	battuto

Imperfetto	Trapassato prossimo	
batt**evo**	avevo	battuto
batt**evi**	avevi	battuto
batt**eva**	aveva	battuto
batt**evamo**	avevamo	battuto
batt**evate**	avevate	battuto
batt**ẹvano**	avẹvano	battuto

Passato remoto	Trapassato remoto	
batt**ei**	ebbi	battuto
batt**esti**	avesti	battuto
batt**è**	ebbe	battuto
batt**emmo**	avemmo	battuto
batt**este**	aveste	battuto
batt**ẹrono**	ẹbbero	battuto

Futuro semplice	Futuro anteriore	
batt**erò**	avrò	battuto
batt**erai**	avrai	battuto
batt**erà**	avrà	battuto
batt**eremo**	avremo	battuto
batt**erete**	avrete	battuto
batt**eranno**	avranno	battuto

CONGIUNTIVO

Presente	Passato	
batt**a**	abbia	battuto
batt**a**	abbia	battuto
batt**a**	abbia	battuto
batt**iamo**	abbiamo	battuto
batt**iate**	abbiate	battuto
bạtt**ano**	ạbbiano	battuto

Imperfetto	Trapassato	
batt**essi**	avessi	battuto
batt**essi**	avessi	battuto
batt**esse**	avesse	battuto
batt**ẹssimo**	avẹssimo	battuto
batt**este**	aveste	battuto
batt**ẹssero**	avẹssero	battuto

CONDIZIONALE

Presente	Passato	
batt**erei**	avrei	battuto
batt**eresti**	avresti	battuto
batt**erebbe**	avrebbe	battuto
batt**eremmo**	avremmo	battuto
batt**ereste**	avreste	battuto
batt**erẹbbero**	avrẹbbero	battuto

IMPERATIVO

—		*(noi)*	batt**iamo**
(tu)	batt**i**	*(voi)*	batt**ete**
(Lei)	batt**a**	*(Loro)*	bạtt**ano**

INFINITO

Presente	Passato
bạtt**ere**	avere battuto

GERUNDIO

Presente	Passato
batt**endo**	avendo battuto

PARTICIPIO

Passato
batt**uto**

crẹdere

crer, acreditar

Verbo regular com duas desinências possíveis no *passato remoto*

INDICATIVO

Presente	Passato prossimo	
cred**o**	ho	creduto
cred**i**	hai	creduto
cred**e**	ha	creduto
cred**iamo**	abbiamo	creduto
cred**ete**	avete	creduto
crẹd**ono**	hanno	creduto

Imperfetto	Trapassato pross.	
cred**evo**	avevo	creduto
cred**evi**	avevi	creduto
cred**eva**	aveva	creduto
cred**evamo**	avevamo	creduto
cred**evate**	avevate	creduto
cred**ẹvano**	avẹvano	creduto

Passato remoto	Trapassato remoto	
cred**ei / -etti**	ebbi	creduto
cred**esti**	avesti	creduto
cred**é / -ette**	ebbe	creduto
cred**emmo**	avemmo	creduto
cred**este**	aveste	creduto
cred**ẹrono/-ẹttero**	ẹbbero	creduto

Futuro semplice	Futuro anteriore	
cred**erò**	avrò	creduto
cred**erai**	avrai	creduto
cred**erà**	avrà	creduto
cred**eremo**	avremo	creduto
cred**erete**	avrete	creduto
cred**eranno**	avranno	creduto

CONGIUNTIVO

Presente	Passato	
cred**a**	abbia	creduto
cred**a**	abbia	creduto
cred**a**	abbia	creduto
cred**iamo**	abbiamo	creduto
cred**iate**	abbiate	creduto
crẹd**ano**	ạbbiano	creduto

Imperfetto	Trapassato	
cred**essi**	avessi	creduto
cred**essi**	avessi	creduto
cred**esse**	avesse	creduto
cred**ẹssimo**	avẹssimo	creduto
cred**este**	aveste	creduto
cred**ẹssero**	avẹssero	creduto

CONDIZIONALE

Presente	Passato	
cred**erei**	avrei	creduto
cred**eresti**	avresti	creduto
cred**erebbe**	avrebbe	creduto
cred**eremmo**	avremmo	creduto
cred**ereste**	avreste	creduto
cred**erẹbbero**	avrẹbbero	creduto

IMPERATIVO

—		*(noi)*	cred**iamo**
(tu)	cred**i**	*(voi)*	cred**ete**
(Lei)	cred**a**	*(Loro)*	crẹd**ano**

INFINITO

Presente	Passato
crẹd**ere**	avere creduto

GERUNDIO

Presente	Passato
cred**endo**	avendo creduto

PARTICIPIO

Passato
cred**uto**

2ª conjugação

bere
beber

Forma abreviada de **bẹvere**

INDICATIVO

Presente	Passato prossimo	
bevo	ho	bevuto
bevi	hai	bevuto
beve	ha	bevuto
beviamo	abbiamo	bevuto
bevete	avete	bevuto
bẹvono	hanno	bevuto

Imperfetto	Trapassato prossimo	
bevevo	avevo	bevuto
bevevi	avevi	bevuto
beveva	aveva	bevuto
bevevamo	avevamo	bevuto
bevevate	avevate	bevuto
bevẹvano	avẹvano	bevuto

Passato remoto	Trapassato remoto	
bevvi	ebbi	bevuto
bevesti	avesti	bevuto
bevve	ebbe	bevuto
bevemmo	avemmo	bevuto
beveste	aveste	bevuto
bẹvvero	ẹbbero	bevuto

Futuro semplice	Futuro anteriore	
berrò	avrò	bevuto
berrai	avrai	bevuto
berrà	avrà	bevuto
berremo	avremo	bevuto
berrete	avrete	bevuto
berranno	avranno	bevuto

CONGIUNTIVO

Presente	Passato	
beva	abbia	bevuto
beva	abbia	bevuto
beva	abbia	bevuto
beviamo	abbiamo	bevuto
beviate	abbiate	bevuto
bẹvano	ạbbiano	bevuto

Imperfetto	Trapassato	
bevessi	avessi	bevuto
bevessi	avessi	bevuto
bevesse	avesse	bevuto
bevẹssimo	avẹssimo	bevuto
beveste	aveste	bevuto
bevẹssero	avẹssero	bevuto

CONDIZIONALE

Presente	Passato	
berrei	avrei	bevuto
berresti	avresti	bevuto
berrebbe	avrebbe	bevuto
berremmo	avremmo	bevuto
berreste	avreste	bevuto
berrẹbbero	avrẹbbero	bevuto

IMPERATIVO

—		*(noi)*	beviamo
(tu)	bevi	*(voi)*	bevete
(Lei)	beva	*(Loro)*	bẹvano

INFINITO

Presente	Passato
bere	avere bevuto

GERUNDIO

Presente	Passato
bevendo	avendo bevuto

PARTICIPIO

Passato
bevuto

cadere

cair

-d- → -dd-

INDICATIVO

Presente	**Passato prossimo**	
cado	sono	caduto
cadi	sei	caduto
cade	è	caduto
cadiamo	siamo	caduti
cadete	siete	caduti
cạdono	sono	caduti

Imperfetto	**Trapassato prossimo**	
cadevo	ero	caduto
cadevi	eri	caduto
cadeva	era	caduto
cadevamo	eravamo	caduti
cadevate	eravate	caduti
cadẹvano	ẹrano	caduti

Passato remoto	**Trapassato remoto**	
caddi	fui	caduto
cadesti	fosti	caduto
cadde	fu	caduto
cademmo	fummo	caduti
cadeste	foste	caduti
cạddero	fụrono	caduti

Futuro semplice	**Futuro anteriore**	
cadrò	sarò	caduto
cadrai	sarai	caduto
cadrà	sarà	caduto
cadremo	saremo	caduti
cadrete	sarete	caduti
cadranno	saranno	caduti

CONGIUNTIVO

Presente	**Passato**	
cada	sia	caduto
cada	sia	caduto
cada	sia	caduto
cadiamo	siamo	caduti
cadiate	siate	caduti
cạdano	sịano	caduti

Imperfetto	**Trapassato**	
cadessi	fossi	caduto
cadessi	fossi	caduto
cadesse	fosse	caduto
cadẹssimo	fọssimo	caduti
cadeste	foste	caduti
cadẹssero	fọssero	caduti

CONDIZIONALE

Presente	**Passato**	
cadrei	sarei	caduto
cadresti	saresti	caduto
cadrebbe	sarebbe	caduto
cadremmo	saremmo	caduti
cadreste	sareste	caduti
cadrẹbbero	sarẹbbero	caduti

IMPERATIVO

—		*(noi)*	cadiamo
(tu)	cadi	*(voi)*	cadete
(Lei)	cada	*(Loro)*	cạdano

INFINITO

Presente	**Passato**
cadere	ẹssere caduto

GERUNDIO

Presente	**Passato**
cadendo	essendo caduto

PARTICIPIO

Passato
caduto

2ª conjugação

chiędere

pedir, perguntar

INDICATIVO

Presente	Passato prossimo	
chiedo	ho	chiesto
chiedi	hai	chiesto
chiede	ha	chiesto
chiediamo	abbiamo	chiesto
chiedete	avete	chiesto
chiędono	hanno	chiesto

Imperfetto	Trapassato prossimo	
chiedevo	avevo	chiesto
chiedevi	avevi	chiesto
chiedeva	aveva	chiesto
chiedevamo	avevamo	chiesto
chiedevate	avevate	chiesto
chiedęvano	avęvano	chiesto

Passato remoto	Trapassato remoto	
chiesi	ebbi	chiesto
chiedesti	avesti	chiesto
chiese	ebbe	chiesto
chiedemmo	avemmo	chiesto
chiedeste	aveste	chiesto
chięsero	ębbero	chiesto

Futuro semplice	Futuro anteriore	
chiederò	avrò	chiesto
chiederai	avrai	chiesto
chiederà	avrà	chiesto
chiederemo	avremo	chiesto
chiederete	avrete	chiesto
chiederanno	avranno	chiesto

CONGIUNTIVO

Presente	Passato	
chieda	abbia	chiesto
chieda	abbia	chiesto
chieda	abbia	chiesto
chiediamo	abbiamo	chiesto
chiediate	abbiate	chiesto
chiędano	ąbbiano	chiesto

Imperfetto	Trapassato	
chiedessi	avessi	chiesto
chiedessi	avessi	chiesto
chiedesse	avesse	chiesto
chiedęssimo	avęssimo	chiesto
chiedeste	aveste	chiesto
chiedęssero	avęssero	chiesto

CONDIZIONALE

Presente	Passato	
chiederei	avrei	chiesto
chiederesti	avresti	chiesto
chiederebbe	avrebbe	chiesto
chiederemmo	avremmo	chiesto
chiedereste	avreste	chiesto
chiederębbero	avrębbero	chiesto

IMPERATIVO

—		*(noi)*	chiediamo
(tu)	chiedi	*(voi)*	chiedete
(Lei)	chieda	*(Loro)*	chiędano

INFINITO

Presente	Passato
chiędere	avere chiesto

GERUNDIO

Presente	Passato
chiedendo	avendo chiesto

PARTICIPIO

Passato
chiesto

chiụdere
fechar

INDICATIVO

Presente	Passato prossimo	
chiudo	ho	chiuso
chiudi	hai	chiuso
chiude	ha	chiuso
chiudiamo	abbiamo	chiuso
chiudete	avete	chiuso
chiụdono	hanno	chiuso

Imperfetto	Trapassato prossimo	
chiudevo	avevo	chiuso
chiudevi	avevi	chiuso
chiudeva	aveva	chiuso
chiudevamo	avevamo	chiuso
chiudevate	avevate	chiuso
chiudẹvano	avẹvano	chiuso

Passato remoto	Trapassato remoto	
chiusi	ebbi	chiuso
chiudesti	avesti	chiuso
chiuse	ebbe	chiuso
chiudemmo	avemmo	chiuso
chiudeste	aveste	chiuso
chiụsero	ẹbbero	chiuso

Futuro semplice	Futuro anteriore	
chiuderò	avrò	chiuso
chiuderai	avrai	chiuso
chiuderà	avrà	chiuso
chiuderemo	avremo	chiuso
chiuderete	avrete	chiuso
chiuderanno	avranno	chiuso

CONGIUNTIVO

Presente	Passato	
chiuda	abbia	chiuso
chiuda	abbia	chiuso
chiuda	abbia	chiuso
chiudiamo	abbiamo	chiuso
chiudiate	abbiate	chiuso
chiudạno	ạbbiano	chiuso

Imperfetto	Trapassato	
chiudessi	avessi	chiuso
chiudessi	avessi	chiuso
chiudesse	avesse	chiuso
chiudẹssimo	avẹssimo	chiuso
chiudeste	aveste	chiuso
chiudẹssero	avẹssero	chiuso

CONDIZIONALE

Presente	Passato	
chiuderei	avrei	chiuso
chiuderesti	avresti	chiuso
chiuderebbe	avrebbe	chiuso
chiuderemmo	avremmo	chiuso
chiudereste	avreste	chiuso
chiuderẹbbero	avrẹbbero	chiuso

IMPERATIVO

—		*(noi)*	chiudiamo
(tu)	chiudi	*(voi)*	chiudete
(Lei)	chiuda	*(Loro)*	chiụdano

INFINITO

Presente	Passato
chiụdere	avere chiuso

GERUNDIO

Presente	Passato
chiudendo	avendo chiuso

PARTICIPIO

Passato
chiuso

2ª conjugação

cọgliere

colher

-gli- + -i- → -gli- / -gli- → -lg-, -ls-

INDICATIVO

Presente	Passato prossimo	
colgo	ho	colto
cogli	hai	colto
coglie	ha	colto
cogliamo	abbiamo	colto
cogliete	avete	colto
cọlgono	hanno	colto

Imperfetto	Trapassato prossimo	
coglievo	avevo	colto
coglievi	avevi	colto
coglieva	aveva	colto
coglievamo	avevamo	colto
coglievate	avevate	colto
cogliẹvano	avẹvano	colto

Passato remoto	Trapassato remoto	
colsi	ebbi	colto
cogliesti	avesti	colto
colse	ebbe	colto
cogliemmo	avemmo	colto
coglieste	aveste	colto
cọlsero	ẹbbero	colto

Futuro semplice	Futuro anteriore	
coglierò	avrò	colto
coglierai	avrai	colto
coglierà	avrà	colto
coglieremo	avremo	colto
coglierete	avrete	colto
coglieranno	avranno	colto

CONGIUNTIVO

Presente	Passato	
colga	abbia	colto
colga	abbia	colto
colga	abbia	colto
cogliamo	abbiamo	colto
cogliate	abbiate	colto
cọlgano	ạbbiano	colto

Imperfetto	Trapassato	
cogliessi	avessi	colto
cogliessi	avessi	colto
cogliesse	avesse	colto
cogliẹssimo	avẹssimo	colto
coglieste	aveste	colto
cogliẹssero	avẹssero	colto

CONDIZIONALE

Presente	Passato	
coglierei	avrei	colto
coglieresti	avresti	colto
coglierebbe	avrebbe	colto
coglieremmo	avremmo	colto
cogliereste	avreste	colto
coglierẹbbero	avrẹbbero	colto

IMPERATIVO

—		*(noi)*	cogliamo
(tu)	cogli	*(voi)*	cogliete
(Lei)	colga	*(Loro)*	cọlgano

INFINITO

Presente	Passato
cọgliere	avere colto

GERUNDIO

Presente	Passato
cogliendo	avendo colto

PARTICIPIO

Passato
colto

cọmpiere

terminar, completar

-i- + -i- → **-i-** / **-i- + -e-** → **-i-** (Exceção: *comp**ie**, comp**ie**ndo*)

INDICATIVO

Presente	Passato prossimo	
compio	ho	compiuto
compi	hai	compiuto
compie	ha	compiuto
compiamo	abbiamo	compiuto
compite	avete	compiuto
cọmpiono	hanno	compiuto

Imperfetto	Trapassato prossimo	
compivo	avevo	compiuto
compivi	avevi	compiuto
compiva	aveva	compiuto
compivamo	avevamo	compiuto
compivate	avevate	compiuto
compịvano	avẹvano	compiuto

Passato remoto	Trapassato remoto	
compii	ebbi	compiuto
compisti	avesti	compiuto
compì	ebbe	compiuto
compimmo	avemmo	compiuto
compiste	aveste	compiuto
compịrono	ẹbbero	compiuto

Futuro semplice	Futuro anteriore	
compirò	avrò	compiuto
compirai	avrai	compiuto
compirà	avrà	compiuto
compiremo	avremo	compiuto
compirete	avrete	compiuto
compiranno	avranno	compiuto

CONGIUNTIVO

Presente	Passato	
compia	abbia	compiuto
compia	abbia	compiuto
compia	abbia	compiuto
compiamo	abbiamo	compiuto
compiate	abbiate	compiuto
cọmpiano	ạbbiano	compiuto

Imperfetto	Trapassato	
compissi	avessi	compiuto
compissi	avessi	compiuto
compisse	avesse	compiuto
compịssimo	avẹssimo	compiuto
compiste	aveste	compiuto
compịssero	avẹssero	compiuto

CONDIZIONALE

Presente	Passato	
compirei	avrei	compiuto
compiresti	avresti	compiuto
compirebbe	avrebbe	compiuto
compiremmo	avremmo	compiuto
compireste	avreste	compiuto
compirẹbbero	avrẹbbero	compiuto

IMPERATIVO

—		*(noi)*	compiamo
(tu)	compi	*(voi)*	compite
(Lei)	compia	*(Loro)*	cọmpiano

INFINITO

Presente	Passato
cọmpiere	avere compiuto

GERUNDIO

Presente	Passato
compiendo	avendo compiuto

PARTICIPIO

Passato
compiuto

2ª conjugação

condurre

conduzir, drigir

Forma abreviada de **condụcere**

INDICATIVO

Presente	Passato prossimo	
conduco	ho	condotto
conduci	hai	condotto
conduce	ha	condotto
conduciamo	abbiamo	condotto
conducete	avete	condotto
condụcono	hanno	condotto

Imperfetto	Trapassato prossimo	
conducevo	avevo	condotto
conducevi	avevi	condotto
conduceva	aveva	condotto
conducevamo	avevamo	condotto
conducevate	avevate	condotto
conducẹvano	avẹvano	condotto

Passato remoto	Trapassato remoto	
condussi	ebbi	condotto
conducesti	avesti	condotto
condusse	ebbe	condotto
conducemmo	avemmo	condotto
conduceste	aveste	condotto
condụssero	ẹbbero	condotto

Futuro sempl.	Futuro anteriore	
condurrò	avrò	condotto
condurrai	avrai	condotto
condurrà	avrà	condotto
condurremo	avremo	condotto
condurrete	avrete	condotto
condurranno	avranno	condotto

CONGIUNTIVO

Presente	Passato	
conduca	abbia	condotto
conduca	abbia	condotto
conduca	abbia	condotto
conduciamo	abbiamo	condotto
conduciate	abbiate	condotto
condụcano	ạbbiano	condotto

Imperfetto	Trapassato	
conducessi	avessi	condotto
conducessi	avessi	condotto
conducesse	avesse	condotto
conducẹssimo	avẹssimo	condotto
conduceste	aveste	condotto
conducẹssero	avẹssero	condotto

CONDIZIONALE

Presente	Passato	
condurrei	avrei	condotto
condurresti	avresti	condotto
condurrebbe	avrebbe	condotto
condurremmo	avremmo	condotto
condurreste	avreste	condotto
condurrẹbbero	avrẹbbero	condotto

IMPERATIVO

—		*(noi)*	conduciamo
(tu)	conduci	*(voi)*	conducete
(Lei)	conduca	*(Loro)*	condụcano

INFINITO

Presente	Passato
condurre	avere condotto

GERUNDIO

Presente	Passato
conducendo	avendo condotto

PARTICIPIO

Passato
condotto

cuocere
cozinhar

-uo- → **-o-** / **-c-** → **-ci-** antes de terminações em **-a** e **-o**

INDICATIVO

Presente	Passato prossimo	
cuocio	ho	cotto
cuoci	hai	cotto
cuoce	ha	cotto
c(u)ociamo	abbiamo	cotto
c(u)ocete	avete	cotto
cuociono	hanno	cotto

Imperfetto	Trapassato prossimo	
c(u)ocevo	avevo	cotto
c(u)ocevi	avevi	cotto
c(u)oceva	aveva	cotto
c(u)ocevamo	avevamo	cotto
c(u)ocevate	avevate	cotto
c(u)ocevano	avevano	cotto

Passato remoto	Trapassato remoto	
cossi	ebbi	cotto
c(u)ocesti	avesti	cotto
cosse	ebbe	cotto
c(u)ocemmo	avemmo	cotto
c(u)oceste	aveste	cotto
cossero	ebbero	cotto

Futuro semplice	Futuro anteriore	
c(u)ocerò	avrò	cotto
c(u)ocerai	avrai	cotto
c(u)ocerà	avrà	cotto
c(u)oceremo	avremo	cotto
c(u)ocerete	avrete	cotto
c(u)oceranno	avranno	cotto

CONGIUNTIVO

Presente	Passato	
cuocia	abbia	cotto
cuocia	abbia	cotto
cuocia	abbia	cotto
c(u)ociamo	abbiamo	cotto
c(u)ociate	abbiate	cotto
cuociano	abbiano	cotto

Imperfetto	Trapassato	
c(u)ocessi	avessi	cotto
c(u)ocessi	avessi	cotto
c(u)ocesse	avesse	cotto
c(u)ocessimo	avessimo	cotto
c(u)oceste	aveste	cotto
c(u)ocessero	avessero	cotto

CONDIZIONALE

Presente	Passato	
c(u)ocerei	avrei	cotto
c(u)oceresti	avresti	cotto
c(u)ocerebbe	avrebbe	cotto
c(u)oceremmo	avremmo	cotto
c(u)ocereste	avreste	cotto
c(u)ocerebbero	avrebbero	cotto

IMPERATIVO

—		*(noi)*	c(u)ociamo
(tu)	cuoci	*(voi)*	c(u)ocete
(Lei)	cuocia	*(Loro)*	cuociano

INFINITO

Presente	Passato
cuocere	avere cotto

GERUNDIO

Presente	Passato
c(u)ocendo	avendo cotto

PARTICIPIO

Passato
cotto

2ª conjugação

dire
dizer

Forma abreviada de dicere

INDICATIVO

Presente	Passato prossimo	
dico	ho	detto
dici	hai	detto
dice	ha	detto
diciamo	abbiamo	detto
dite	avete	detto
dicono	hanno	detto

Imperfetto	Trapassato prossimo	
dicevo	avevo	detto
dicevi	avevi	detto
diceva	aveva	detto
dicevamo	avevamo	detto
dicevate	avevate	detto
dicevano	avevano	detto

Passato remoto	Trapassato remoto	
dissi	ebbi	detto
dicesti	avesti	detto
disse	ebbe	detto
dicemmo	avemmo	detto
diceste	aveste	detto
dissero	ebbero	detto

Futuro semplice	Futuro anteriore	
dirò	avrò	detto
dirai	avrai	detto
dirà	avrà	detto
diremo	avremo	detto
direte	avrete	detto
diranno	avranno	detto

CONGIUNTIVO

Presente	Passato	
dica	abbia	detto
dica	abbia	detto
dica	abbia	detto
diciamo	abbiamo	detto
diciate	abbiate	detto
dicano	abbiano	detto

Imperfetto	Trapassato	
dicessi	avessi	detto
dicessi	avessi	detto
dicesse	avesse	detto
dicessimo	avessimo	detto
diceste	aveste	detto
dicessero	avessero	detto

CONDIZIONALE

Presente	Passato	
direi	avrei	detto
diresti	avresti	detto
direbbe	avrebbe	detto
diremmo	avremmo	detto
direste	avreste	detto
direbbero	avrebbero	detto

IMPERATIVO

—		*(noi)*	diciamo
(tu)	di'	*(voi)*	dite
(Lei)	dica	*(Loro)*	dicano

INFINITO

Presente	Passato
dire	avere detto

GERUNDIO

Presente	Passato
dicendo	avendo detto

PARTICIPIO

Passato
detto

dolersi
queixar-se

Verbo pronominal

INDICATIVO

Presente	Passato prossimo	
mi dolgo	mi sono	doluto
ti duoli	ti sei	doluto
si duole	si è	doluto
ci doliamo/dogliamo	ci siamo	doluti
vi dolete	vi siete	doluti
si dolgono	si sono	doluti

Imperfetto	Trapassato prossimo	
mi dolevo	mi ero	doluto
ti dolevi	ti eri	doluto
si doleva	si era	doluto
ci dolevamo	ci eravamo	doluti
vi dolevate	vi eravate	doluti
si dolevano	si erano	doluti

Passato remoto	Trapassato remoto	
mi dolsi	mi fui	doluto
ti dolesti	ti fosti	doluto
si dolse	si fu	doluto
ci dolemmo	ci fummo	doluti
vi doleste	vi foste	doluti
si dolsero	si furono	doluti

Futuro semplice	Futuro anteriore	
mi dorrò	mi sarò	doluto
ti dorrai	ti sarai	doluto
si dorrà	si sarà	doluto
ci dorremo	ci saremo	doluti
vi dorrete	vi sarete	doluti
si dorranno	si saranno	doluti

CONGIUNTIVO

Presente	Passato	
mi dolga	mi sia	doluto
ti dolga	ti sia	doluto
si dolga	si sia	doluto
ci doliamo/dogliamo	ci siamo	doluti
vi doliate/dogliate	vi siate	doluti
si dolgano	si siano	doluti

Imperfetto	Trapassato	
mi dolessi	mi fossi	doluto
ti dolessi	ti fossi	doluto
si dolesse	si fosse	doluto
ci dolessimo	ci fossimo	doluti
vi doleste	vi foste	doluti
si dolessero	si fossero	doluti

CONDIZIONALE

Presente	Passato	
mi dorrei	mi sarei	doluto
ti dorresti	ti saresti	doluto
si dorrebbe	si sarebbe	doluto
ci dorremmo	ci saremmo	doluti
vi dorreste	vi sareste	doluti
si dorrebbero	si sarebbero	doluti

IMPERATIVO

—	*(noi)* doliamoci/dogliamoci
(tu) duoliti	*(voi)* doletevi
(Lei) si dolga	*(Loro)* si dolgano

INFINITO

Presente	Passato
dolersi	essersi doluto

GERUNDIO

Presente	Passato
dolendosi	essendosi doluto

PARTICIPIO

Passato
dolutosi

dovere

dever

INDICATIVO

Presente	Passato prossimo	
devo	ho	dovuto
devi	hai	dovuto
deve	ha	dovuto
dobbiamo	abbiamo	dovuto
dovete	avete	dovuto
devono	hanno	dovuto

Imperfetto	Trapassato prossimo	
dovevo	avevo	dovuto
dovevi	avevi	dovuto
doveva	aveva	dovuto
dovevamo	avevamo	dovuto
dovevate	avevate	dovuto
dovevano	avevano	dovuto

Passato remoto	Trapassato remoto	
dovei / -etti	ebbi	dovuto
dovesti	avesti	dovuto
dové / -ette	ebbe	dovuto
dovemmo	avemmo	dovuto
doveste	aveste	dovuto
doverono / -ettero	ebbero	dovuto

Futuro semplice	Futuro anteriore	
dovrò	avrò	dovuto
dovrai	avrai	dovuto
dovrà	avrà	dovuto
dovremo	avremo	dovuto
dovrete	avrete	dovuto
dovranno	avranno	dovuto

CONGIUNTIVO

Presente	Passato	
debba	abbia	dovuto
debba	abbia	dovuto
debba	abbia	dovuto
dobbiamo	abbiamo	dovuto
dobbiate	abbiate	dovuto
debbano	abbiano	dovuto

Imperfetto	Trapassato	
dovessi	avessi	dovuto
dovessi	avessi	dovuto
dovesse	avesse	dovuto
dovessimo	avessimo	dovuto
doveste	aveste	dovuto
dovessero	avessero	dovuto

CONDIZIONALE

Presente	Passato	
dovrei	avrei	dovuto
dovresti	avresti	dovuto
dovrebbe	avrebbe	dovuto
dovremmo	avremmo	dovuto
dovreste	avreste	dovuto
dovrebbero	avrebbero	dovuto

IMPERATIVO

—	—
—	—
—	—

INFINITO

Presente	Passato
dovere	avere dovuto

GERUNDIO

Presente	Passato
dovendo	avendo dovuto

PARTICIPIO

Passato
dovuto

fare
fazer

Forma abreviada de **fạcere**

INDICATIVO

Presente	**Passato prossimo**	
faccio	ho	fatto
fai	hai	fatto
fa	ha	fatto
facciamo	abbiamo	fatto
fate	avete	fatto
fanno	hanno	fatto

Imperfetto	**Trapassato prossimo**	
facevo	avevo	fatto
facevi	avevi	fatto
faceva	aveva	fatto
facevamo	avevamo	fatto
facevate	avevate	fatto
facẹvano	avẹvano	fatto

Passato remoto	**Trapassato remoto**	
feci	ebbi	fatto
facesti	avesti	fatto
fece	ebbe	fatto
facemmo	avemmo	fatto
faceste	aveste	fatto
fẹcero	ẹbbero	fatto

Futuro semplice	**Futuro anteriore**	
farò	avrò	fatto
farai	avrai	fatto
farà	avrà	fatto
faremo	avremo	fatto
farete	avrete	fatto
faranno	avranno	fatto

CONGIUNTIVO

Presente	**Passato**	
faccia	abbia	fatto
faccia	abbia	fatto
faccia	abbia	fatto
facciamo	abbiamo	fatto
facciate	abbiate	fatto
fạcciano	ạbbiano	fatto

Imperfetto	**Trapassato**	
facessi	avessi	fatto
facessi	avessi	fatto
facesse	avesse	fatto
facẹssimo	avẹssimo	fatto
faceste	aveste	fatto
facẹssero	avẹssero	fatto

CONDIZIONALE

Presente	**Passato**	
farei	avrei	fatto
faresti	avresti	fatto
farebbe	avrebbe	fatto
faremmo	avremmo	fatto
fareste	avreste	fatto
farẹbbero	avrẹbbero	fatto

IMPERATIVO

—		*(noi)*	facciamo
(tu)	fa' / fai	*(voi)*	fate
(Lei)	faccia	*(Loro)*	fạcciano

INFINITO

Presente	**Passato**
fare	avere fatto

GERUNDIO

Presente	**Passato**
facendo	avendo fatto

PARTICIPIO

Passato
fatto

2ª conjugação

godere

gozar

-er- → -r-

INDICATIVO

Presente	**Passato prossimo**	
godo	ho	goduto
godi	hai	goduto
gode	ha	goduto
godiamo	abbiamo	goduto
godete	avete	goduto
gọdono	hanno	goduto

Imperfetto	**Trapassato prossimo**	
godevo	avevo	goduto
godevi	avevi	goduto
godeva	aveva	goduto
godevamo	avevamo	goduto
godevate	avevate	goduto
godẹvano	avẹvano	goduto

Passato remoto	**Trapassato remoto**	
godei / -etti	ebbi	goduto
godesti	avesti	goduto
godé / -ette	ebbe	goduto
godemmo	avemmo	goduto
godeste	aveste	goduto
godẹrono / -ẹttero	ẹbbero	goduto

Futuro semplice	**Futuro anteriore**	
godrò	avrò	goduto
godrai	avrai	goduto
godrà	avrà	goduto
godremo	avremo	goduto
godrete	avrete	goduto
godranno	avranno	goduto

CONGIUNTIVO

Presente	**Passato**	
goda	abbia	goduto
goda	abbia	goduto
goda	abbia	goduto
godiamo	abbiamo	goduto
godiate	abbiate	goduto
gọdano	ạbbiano	goduto

Imperfetto	**Trapassato**	
godessi	avessi	goduto
godessi	avessi	goduto
godesse	avesse	goduto
godẹssimo	avẹssimo	goduto
godeste	aveste	goduto
godẹssero	avẹssero	goduto

CONDIZIONALE

Presente	**Passato**	
godrei	avrei	goduto
godresti	avresti	goduto
godrebbe	avrebbe	goduto
godremmo	avremmo	goduto
godreste	avreste	goduto
godrẹbbero	avrẹbbero	goduto

IMPERATIVO

—		*(noi)*	godiamo
(tu)	godi	*(voi)*	godete
(Lei)	goda	*(Loro)*	gọdano

INFINITO

Presente	**Passato**
godere	avere goduto

GERUNDIO

Presente	**Passato**
godendo	avendo goduto

PARTICIPIO

Passato
goduto

muovere
mover

-uo- → -o- / -uov- → -oss-

INDICATIVO

Presente	**Passato prossimo**	
muovo	ho	mosso
muovi	hai	mosso
muove	ha	mosso
m(u)oviamo	abbiamo	mosso
m(u)ovete	avete	mosso
muovono	hanno	mosso

Imperfetto	**Trapassato prossimo**	
m(u)ovevo	avevo	mosso
m(u)ovevi	avevi	mosso
m(u)oveva	aveva	mosso
m(u)ovevamo	avevamo	mosso
m(u)ovevate	avevate	mosso
m(u)ovevano	avevano	mosso

Passato remoto	**Trapassato remoto**	
mossi	ebbi	mosso
m(u)ovesti	avesti	mosso
mosse	ebbe	mosso
m(u)ovemmo	avemmo	mosso
m(u)oveste	aveste	mosso
mossero	ebbero	mosso

Futuro semplice	**Futuro anteriore**	
m(u)overò	avrò	mosso
m(u)overai	avrai	mosso
m(u)overà	avrà	mosso
m(u)overemo	avremo	mosso
m(u)overete	avrete	mosso
m(u)overanno	avranno	mosso

CONGIUNTIVO

Presente	**Passato**	
muova	abbia	mosso
muova	abbia	mosso
muova	abbia	mosso
m(u)oviamo	abbiamo	mosso
m(u)oviate	abbiate	mosso
muovano	abbiano	mosso

Imperfetto	**Trapassato**	
m(u)ovessi	avessi	mosso
m(u)ovessi	avessi	mosso
m(u)ovesse	avesse	mosso
m(u)ovessimo	avessimo	mosso
m(u)oveste	aveste	mosso
m(u)ovessero	avessero	mosso

CONDIZIONALE

Presente	**Passato**	
m(u)overei	avrei	mosso
m(u)overesti	avresti	mosso
m(u)overebbe	avrebbe	mosso
m(u)overemmo	avremmo	mosso
m(u)overeste	avreste	mosso
m(u)overebbero	avrebbero	mosso

IMPERATIVO

—		*(noi)*	m(u)oviamo
(tu)	muovi	*(voi)*	m(u)ovete
(Lei)	muova	*(Loro)*	muovano

INFINITO

Presente	**Passato**
muovere	avere mosso

GERUNDIO

Presente	**Passato**
m(u)ovendo	avendo mosso

PARTICIPIO

Passato
mosso

nuọcere
prejudicar

-c- → **-cci-** antes de **-a** e **-o** / **-uoc-** → **-ocqu-**

INDICATIVO

Presente	**Passato prossimo**	
n(u)occio	ho	n(u)ociuto
nuoci	hai	n(u)ociuto
nuoce	ha	n(u)ociuto
n(u)ociamo	abbiamo	n(u)ociuto
n(u)ocete	avete	n(u)ociuto
n(u)ọcciono	hanno	n(u)ociuto

Imperfetto	**Trapassato prossimo**	
n(u)ocevo	avevo	n(u)ociuto
n(u)ocevi	avevi	n(u)ociuto
n(u)oceva	aveva	n(u)ociuto
n(u)ocevamo	avevamo	n(u)ociuto
n(u)ocevate	avevate	n(u)ociuto
n(u)ocẹvano	avẹvano	n(u)ociuto

Passato remoto	**Trapassato remoto**	
nocqui	ebbi	n(u)ociuto
n(u)ocesti	avesti	n(u)ociuto
nocque	ebbe	n(u)ociuto
n(u)ocemmo	avemmo	n(u)ociuto
n(u)oceste	aveste	n(u)ociuto
nọcquero	ẹbbero	n(u)ociuto

Futuro semplice	**Futuro anteriore**	
n(u)ocerò	avrò	n(u)ociuto
n(u)ocerai	avrai	n(u)ociuto
n(u)ocerà	avrà	n(u)ociuto
n(u)oceremo	avremo	n(u)ociuto
n(u)ocerete	avrete	n(u)ociuto
n(u)oceranno	avranno	n(u)ociuto

CONGIUNTIVO

Presente	**Passato**	
n(u)occia	abbia	n(u)ociuto
n(u)occia	abbia	n(u)ociuto
n(u)occia	abbia	n(u)ociuto
n(u)ociamo	abbiamo	n(u)ociuto
n(u)ociate	abbiate	n(u)ociuto
n(u)ọcciano	ạbbiano	n(u)ociuto

Imperfetto	**Trapassato**	
n(u)ocessi	avessi	n(u)ociuto
n(u)ocessi	avessi	n(u)ociuto
n(u)ocesse	avesse	n(u)ociuto
n(u)ocẹssimo	avẹssimo	n(u)ociuto
n(u)oceste	aveste	n(u)ociuto
n(u)ocẹssero	avẹssero	n(u)ociuto

CONDIZIONALE

Presente	**Passato**	
n(u)ocerei	avrei	n(u)ociuto
n(u)oceresti	avresti	n(u)ociuto
n(u)ocerebbe	avrebbe	n(u)ociuto
n(u)oceremmo	avremmo	n(u)ociuto
n(u)ocereste	avreste	n(u)ociuto
n(u)ocerẹbbero	avrẹbbero	n(u)ociuto

IMPERATIVO

—		*(noi)*	n(u)ociamo
(tu)	nuoci	*(voi)*	n(u)ocete
(Lei)	n(u)occia	*(Loro)*	n(u)ọcciano

INFINITO

Presente	**Passato**
nuọcere	avere nuociuto

GERUNDIO

Presente	**Passato**
n(u)ocendo	avendo n(u)ociuto

PARTICIPIO

Passato
n(u)ociuto

parere

aparecer, parecer

INDICATIVO

Presente	Passato prossimo	
paio	sono	parso
pari	sei	parso
pare	è	parso
paiamo	siamo	parsi
parete	siete	parsi
paiono	sono	parsi

Imperfetto	Trapassato prossimo	
parevo	ero	parso
parevi	eri	parso
pareva	era	parso
parevamo	eravamo	parsi
parevate	eravate	parsi
parevano	erano	parsi

Passato remoto	Trapassato remoto	
parvi	fui	parso
paresti	fosti	parso
parve	fu	parso
paremmo	fummo	parsi
pareste	foste	parsi
parvero	furono	parsi

Futuro semplice	Futuro anteriore	
parrò	sarò	parso
parrai	sarai	parso
parrà	sarà	parso
parremo	saremo	parsi
parrete	sarete	parsi
parranno	saranno	parsi

CONGIUNTIVO

Presente	Passato	
paia	sia	parso
paia	sia	parso
paia	sia	parso
paiamo	siamo	parsi
paiate	siate	parsi
paiano	siano	parsi

Imperfetto	Trapassato	
paressi	fossi	parso
paressi	fossi	parso
paresse	fosse	parso
paressimo	fossimo	parsi
pareste	foste	parsi
paressero	fossero	parsi

CONDIZIONALE

Presente	Passato	
parrei	sarei	parso
parresti	saresti	parso
parrebbe	sarebbe	parso
parremmo	saremmo	parsi
parreste	sareste	parsi
parrebbero	sarebbero	parsi

IMPERATIVO

—	—
—	—
—	—

INFINITO

Presente	Passato
parere	essere parso

GERUNDIO

Presente	Passato
parendo	essendo parso

PARTICIPIO

Passato
parso

2ª conjugação

piacere

agradar

-c- → -cc(i)-, -cqu-

INDICATIVO

Presente	**Passato prossimo**	
piaccio	sono	piaciuto
piaci	sei	piaciuto
piace	è	piaciuto
piacciamo	siamo	piaciuti
piacete	siete	piaciuti
piạcciono	sono	piaciuti

Imperfetto	**Trapassato prossimo**	
piacevo	ero	piaciuto
piacevi	eri	piaciuto
piaceva	era	piaciuto
piacevamo	eravamo	piaciuti
piacevate	eravate	piaciuti
piacẹvano	ẹrano	piaciuti

Passato remoto	**Trapassato remoto**	
piacqui	fui	piaciuto
piacesti	fosti	piaciuto
piacque	fu	piaciuto
piacemmo	fummo	piaciuti
piaceste	foste	piaciuti
piạcquero	fụrono	piaciuti

Futuro semplice	**Futuro anteriore**	
piacerò	sarò	piaciuto
piacerai	sarai	piaciuto
piacerà	sarà	piaciuto
piaceremo	saremo	piaciuti
piacerete	sarete	piaciuti
piaceranno	saranno	piaciuti

CONGIUNTIVO

Presente	**Passato**	
piaccia	sia	piaciuto
piaccia	sia	piaciuto
piaccia	sia	piaciuto
piacciamo	siamo	piaciuti
piacciate	siate	piaciuti
piạcciano	sịano	piaciuti

Imperfetto	**Trapassato**	
piacessi	fossi	piaciuto
piacessi	fossi	piaciuto
piacesse	fosse	piaciuto
piacẹssimo	fọssimo	piaciuti
piaceste	foste	piaciuti
piacẹssero	fọssero	piaciuti

CONDIZIONALE

Presente	**Passato**	
piacerei	sarei	piaciuto
piaceresti	saresti	piaciuto
piacerebbe	sarebbe	piaciuto
piaceremmo	saremmo	piaciuti
piacereste	sareste	piaciuti
piacerẹbbero	sarẹbbero	piaciuti

IMPERATIVO

—		*(noi)*	piacciamo
(tu)	piaci	*(voi)*	piacete
(Lei)	piaccia	*(Loro)*	piạcciano

INFINITO

Presente	**Passato**
piacere	ẹssere piaciuto

GERUNDIO

Presente	**Passato**
piacendo	essendo piaciuto

PARTICIPIO

Passato

piaciuto

porre
pôr

Forma abreviada de **pọnere**

INDICATIVO

Presente	**Passato prossimo**	
pongo	ho	posto
poni	hai	posto
pone	ha	posto
poniamo	abbiamo	posto
ponete	avete	posto
pọngono	hanno	posto

Imperfetto	**Trapassato prossimo**	
ponevo	avevo	posto
ponevi	avevi	posto
poneva	aveva	posto
ponevamo	avevamo	posto
ponevate	avevate	posto
ponẹvano	avẹvano	posto

Passato remoto	**Trapassato remoto**	
posi	ebbi	posto
ponesti	avesti	posto
pose	ebbe	posto
ponemmo	avemmo	posto
poneste	aveste	posto
pọsero	ẹbbero	posto

Futuro semplice	**Futuro anteriore**	
porrò	avrò	posto
porrai	avrai	posto
porrà	avrà	posto
porremo	avremo	posto
porrete	avrete	posto
porranno	avranno	posto

CONGIUNTIVO

Presente	**Passato**	
ponga	abbia	posto
ponga	abbia	posto
ponga	abbia	posto
poniamo	abbiamo	posto
poniate	abbiate	posto
pọngano	ạbbiano	posto

Imperfetto	**Trapassato**	
ponessi	avessi	posto
ponessi	avessi	posto
ponesse	avesse	posto
ponẹssimo	avẹssimo	posto
poneste	aveste	posto
ponẹssero	avẹssero	posto

CONDIZIONALE

Presente	**Passato**	
porrei	avrei	posto
porresti	avresti	posto
porrebbe	avrebbe	posto
porremmo	avremmo	posto
porreste	avreste	posto
porrẹbbero	avrẹbbero	posto

IMPERATIVO

—		*(noi)*	poniamo
(tu)	poni	*(voi)*	ponete
(Lei)	ponga	*(Loro)*	pọngano

INFINITO

Presente	**Passato**
porre	avere posto

GERUNDIO

Presente	**Passato**
ponendo	avendo posto

PARTICIPIO

Passato
posto

potere
poder

INDICATIVO

Presente	Passato prossimo	
posso	ho	potuto
puoi	hai	potuto
può	ha	potuto
possiamo	abbiamo	potuto
potete	avete	potuto
possono	hanno	potuto

Imperfetto	Trapassato prossimo	
potevo	avevo	potuto
potevi	avevi	potuto
poteva	aveva	potuto
potevamo	avevamo	potuto
potevate	avevate	potuto
potevano	avevano	potuto

Passato remoto	Trapassato remoto	
potei	ebbi	potuto
potesti	avesti	potuto
poté	ebbe	potuto
potemmo	avemmo	potuto
poteste	aveste	potuto
poterono	ebbero	potuto

Futuro semplice	Futuro anteriore	
potrò	avrò	potuto
potrai	avrai	potuto
potrà	avrà	potuto
potremo	avremo	potuto
potrete	avrete	potuto
potranno	avranno	potuto

CONGIUNTIVO

Presente	Passato	
possa	abbia	potuto
possa	abbia	potuto
possa	abbia	potuto
possiamo	abbiamo	potuto
possiate	abbiate	potuto
possano	abbiano	potuto

Imperfetto	Trapassato	
potessi	avessi	potuto
potessi	avessi	potuto
potesse	avesse	potuto
potessimo	avessimo	potuto
poteste	aveste	potuto
potessero	avessero	potuto

CONDIZIONALE

Presente	Passato	
potrei	avrei	potuto
potresti	avresti	potuto
potrebbe	avrebbe	potuto
potremmo	avremmo	potuto
potreste	avreste	potuto
potrebbero	avrebbero	potuto

IMPERATIVO

—	—
—	—
—	—

INFINITO

Presente	Passato
potere	avere potuto

GERUNDIO

Presente	Passato
potendo	avendo potuto

PARTICIPIO

Passato
potuto

rimanere

permanecer

-n- → -ng-

INDICATIVO

Presente	**Passato prossimo**	
rimango	sono	rimasto
rimani	sei	rimasto
rimane	è	rimasto
rimaniamo	siamo	rimasti
rimanete	siete	rimasti
rimạngono	sono	rimasti

Imperfetto	**Trapassato prossimo**	
rimanevo	ero	rimasto
rimanevi	eri	rimasto
rimaneva	era	rimasto
rimanevamo	eravamo	rimasti
rimanevate	eravate	rimasti
rimanẹvano	ẹrano	rimasti

Passato remoto	**Trapassato remoto**	
rimasi	fui	rimasto
rimanesti	fosti	rimasto
rimase	fu	rimasto
rimanemmo	fummo	rimasti
rimaneste	foste	rimasti
rimạsero	fụrono	rimasti

Futuro semplice	**Futuro anteriore**	
rimarrò	sarò	rimasto
rimarrai	sarai	rimasto
rimarrà	sarà	rimasto
rimarremo	saremo	rimasti
rimarrete	sarete	rimasti
rimarranno	saranno	rimasti

CONGIUNTIVO

Presente	**Passato**	
rimanga	sia	rimasto
rimanga	sia	rimasto
rimanga	sia	rimasto
rimaniamo	siamo	rimasti
rimaniate	siate	rimasti
rimạngano	sịano	rimasti

Imperfetto	**Trapassato**	
rimanessi	fossi	rimasto
rimanessi	fossi	rimasto
rimanesse	fosse	rimasto
rimanẹssimo	fọssimo	rimasti
rimaneste	foste	rimasti
rimanẹssero	fọssero	rimasti

CONDIZIONALE

Presente	**Passato**	
rimarrei	sarei	rimasto
rimarresti	saresti	rimasto
rimarrebbe	sarebbe	rimasto
rimarremmo	saremmo	rimasti
rimaneste	sareste	rimasti
rimarrẹbbero	sarẹbbero	rimasti

IMPERATIVO

—		*(noi)*	rimaniamo
(tu)	rimani	*(voi)*	rimanete
(Lei)	rimanga	*(Loro)*	rimạngano

INFINITO

Presente	**Passato**
rimanere	ẹssere rimasto

GERUNDIO

Presente	**Passato**
rimanendo	essendo rimasto

PARTICIPIO

Passato
rimasto

2ª conjugação

sapere
saber

INDICATIVO

Presente	Passato prossimo	
so	ho	saputo
sai	hai	saputo
sa	ha	saputo
sappiamo	abbiamo	saputo
sapete	avete	saputo
sanno	hanno	saputo

Imperfetto	Trapassato prossimo	
sapevo	avevo	saputo
sapevi	avevi	saputo
sapeva	aveva	saputo
sapevamo	avevamo	saputo
sapevate	avevate	saputo
sapẹvano	avẹvano	saputo

Passato remoto	Trapassato remoto	
seppi	ebbi	saputo
sapesti	avesti	saputo
seppe	ebbe	saputo
sapemmo	avemmo	saputo
sapeste	aveste	saputo
sẹppero	ẹbbero	saputo

Futuro semplice	Futuro anteriore	
saprò	avrò	saputo
saprai	avrai	saputo
saprà	avrà	saputo
sapremo	avremo	saputo
saprete	avrete	saputo
sapranno	avranno	saputo

CONGIUNTIVO

Presente	Passato	
sappia	abbia	saputo
sappia	abbia	saputo
sappia	abbia	saputo
sappiamo	abbiamo	saputo
sappiate	abbiate	saputo
sạppiano	ạbbiano	saputo

Imperfetto	Trapassato	
sapessi	avessi	saputo
sapessi	avessi	saputo
sapesse	avesse	saputo
sapẹssimo	avẹssimo	saputo
sapeste	aveste	saputo
sapẹssero	avẹssero	saputo

CONDIZIONALE

Presente	Passato	
saprei	avrei	saputo
sapresti	avresti	saputo
saprebbe	avrebbe	saputo
sapremmo	avremmo	saputo
sapreste	avreste	saputo
saprẹbbero	avrẹbbero	saputo

IMPERATIVO

—		*(noi)*	sappiamo
(tu)	sappi	*(voi)*	sappiate
(Lei)	sappia	*(Loro)*	sạppiano

INFINITO

Presente	Passato
sapere	avere saputo

GERUNDIO

Presente	Passato
sapendo	avendo saputo

PARTICIPIO

Passato
saputo

scegliere
escolher

-gli- → -lg-, -ls- / -gli- + -i- → -gli-

INDICATIVO

Presente	**Passato prossimo**	
scelgo	ho	scelto
scegli	hai	scelto
sceglie	ha	scelto
scegliamo	abbiamo	scelto
scegliete	avete	scelto
scelgono	hanno	scelto

Imperfetto	**Trapassato prossimo**	
sceglievo	avevo	scelto
sceglievi	avevi	scelto
sceglieva	aveva	scelto
sceglievamo	avevamo	scelto
sceglievate	avevate	scelto
sceglievano	avevano	scelto

Passato remoto	**Trapassato remoto**	
scelsi	ebbi	scelto
scegliesti	avesti	scelto
scelse	ebbe	scelto
scegliemmo	avemmo	scelto
sceglieste	aveste	scelto
scelsero	ebbero	scelto

Futuro semplice	**Futuro anteriore**	
sceglierò	avrò	scelto
sceglierai	avrai	scelto
sceglierà	avrà	scelto
sceglieremo	avremo	scelto
sceglierete	avrete	scelto
sceglieranno	avranno	scelto

CONGIUNTIVO

Presente	**Passato**	
scelga	abbia	scelto
scelga	abbia	scelto
scelga	abbia	scelto
scegliamo	abbiamo	scelto
scegliate	abbiate	scelto
scelgano	abbiano	scelto

Imperfetto	**Trapassato**	
scegliessi	avessi	scelto
scegliessi	avessi	scelto
scegliesse	avesse	scelto
scegliessimo	avessimo	scelto
sceglieste	aveste	scelto
scegliessero	avessero	scelto

CONDIZIONALE

Presente	**Passato**	
sceglierei	avrei	scelto
sceglieresti	avresti	scelto
sceglierebbe	avrebbe	scelto
sceglieremmo	avremmo	scelto
scegliereste	avreste	scelto
sceglierebbero	avrebbero	scelto

IMPERATIVO

—		*(noi)*	scegliamo
(tu)	scegli	*(voi)*	scegliete
(Lei)	scelga	*(Loro)*	scelgano

INFINITO

Presente	**Passato**
scegliere	avere scelto

GERUNDIO

Presente	**Passato**
scegliendo	avendo scelto

PARTICIPIO

Passato
scelto

scuọtere

sacudir

-uo- → -o-

Mais freqüentes são as formas regulares (**-uo-**).

INDICATIVO

Presente	**Passato prossimo**	
scuoto	ho	scosso
scuoti	hai	scosso
scuote	ha	scosso
sc(u)otiamo	abbiamo	scosso
sc(u)otete	avete	scosso
scuọtono	hanno	scosso

Imperfetto	**Trapassato prossimo**	
sc(u)otevo	avevo	scosso
sc(u)otevi	avevi	scosso
sc(u)oteva	aveva	scosso
sc(u)otevamo	avevamo	scosso
sc(u)otevate	avevate	scosso
sc(u)otẹvano	avẹvano	scosso

Passato remoto	**Trapassato remoto**	
scossi	ebbi	scosso
sc(u)otesti	avesti	scosso
scosse	ebbe	scosso
sc(u)otemmo	avemmo	scosso
sc(u)oteste	aveste	scosso
scọssero	ẹbbero	scosso

Futuro semplice	**Futuro anteriore**	
sc(u)oterò	avrò	scosso
sc(u)oterai	avrai	scosso
sc(u)oterà	avrà	scosso
sc(u)oteremo	avremo	scosso
sc(u)oterete	avrete	scosso
sc(u)oteranno	avranno	scosso

CONGIUNTIVO

Presente	**Passato**	
scuota	abbia	scosso
scuota	abbia	scosso
scuota	abbia	scosso
sc(u)otiamo	abbiamo	scosso
sc(u)otiate	abbiate	scosso
scuọtano	ạbbiano	scosso

Imperfetto	**Trapassato**	
sc(u)otessi	avessi	scosso
sc(u)otessi	avessi	scosso
sc(u)otesse	avesse	scosso
sc(u)otẹssimo	avẹssimo	scosso
sc(u)oteste	aveste	scosso
sc(u)otẹssero	avẹssero	scosso

CONDIZIONALE

Presente	**Passato**	
sc(u)oterei	avrei	scosso
sc(u)oteresti	avresti	scosso
sc(u)oterebbe	avrebbe	scosso
sc(u)oteremmo	avremmo	scosso
sc(u)otereste	avreste	scosso
sc(u)oterẹbbero	avrẹbbero	scosso

IMPERATIVO

—		*(noi)*	sc(u)otiamo
(tu)	scuoti	*(voi)*	sc(u)otete
(Lei)	scuota	*(Loro)*	scuọtano

INFINITO

Presente	**Passato**
scuọtere	avere scosso

GERUNDIO

Presente	**Passato**
sc(u)otendo	avendo scosso

PARTICIPIO

Passato

scosso

sedere
sentar

-e- → -ie-

INDICATIVO

Presente	Passato prossimo	
siedo / seggo	sono	seduto
siedi	sei	seduto
siede	è	seduto
sediamo	siamo	seduti
sedete	siete	seduti
siedono / seggono	sono	seduti

Imperfetto	Trapassato prossimo	
sedevo	ero	seduto
sedevi	eri	seduto
sedeva	era	seduto
sedevamo	eravamo	seduti
sedevate	eravate	seduti
sedevano	erano	seduti

Passato remoto	Trapassato remoto	
sedei / -etti	fui	seduto
sedesti	fosti	seduto
sedé / -ette	fu	seduto
sedemmo	fummo	seduti
sedeste	foste	seduti
sederono / -ettero	furono	seduti

Futuro semplice	Futuro anteriore	
s(i)ederò	sarò	seduto
s(i)ederai	sarai	seduto
s(i)ederà	sarà	seduto
s(i)ederemo	saremo	seduti
s(i)ederete	sarete	seduti
s(i)ederanno	saranno	seduti

CONGIUNTIVO

Presente	Passato	
sieda / segga	sia	seduto
sieda / segga	sia	seduto
sieda / segga	sia	seduto
sediamo	siamo	seduti
sediate	siate	seduti
siedano / seggano	siano	seduti

Imperfetto	Trapassato	
sedessi	fossi	seduto
sedessi	fossi	seduto
sedesse	fosse	seduto
sedessimo	fossimo	seduti
sedeste	foste	seduti
sedessero	fossero	seduti

CONDIZIONALE

Presente	Passato	
s(i)ederei	sarei	seduto
s(i)ederesti	saresti	seduto
s(i)ederebbe	sarebbe	seduto
s(i)ederemmo	saremmo	seduti
s(i)edereste	sareste	seduti
s(i)ederebbero	sarebbero	seduti

IMPERATIVO

—		*(noi)*	sediamo
(tu)	siedi	*(voi)*	sedete
(Lei)	sieda / segga	*(Loro)*	siedano / seggano

INFINITO

Presente	Passato
sedere	essere seduto

GERUNDIO

Presente	Passato
sedendo	essendo seduto

PARTICIPIO

Passato
seduto

2ª conjugação

spẹgnere

desligar, apagar

-gn- → -ng-

INDICATIVO

Presente	Passato prossimo	
spengo	ho	spento
spegni	hai	spento
spegne	ha	spento
spegniamo	abbiamo	spento
spegnete	avete	spento
spẹngono	hanno	spento

Imperfetto	Trapassato prossimo	
spegnevo	avevo	spento
spegnevi	avevi	spento
spegneva	aveva	spento
spegnevamo	avevamo	spento
spegnevate	avevate	spento
spegnẹvano	avẹvano	spento

Passato remoto	Trapassato remoto	
spensi	ebbi	spento
spegnesti	avesti	spento
spense	ebbe	spento
spegnemmo	avemmo	spento
spegneste	aveste	spento
spẹnsero	ẹbbero	spento

Futuro semplice	Futuro anteriore	
spegnerò	avrò	spento
spegnerai	avrai	spento
spegnerà	avrà	spento
spegneremo	avremo	spento
spegnerete	avrete	spento
spegneranno	avranno	spento

CONGIUNTIVO

Presente	Passato	
spenga	abbia	spento
spenga	abbia	spento
spenga	abbia	spento
spegnamo	abbiamo	spento
spegniate	abbiate	spento
spẹngano	ạbbiano	spento

Imperfetto	Trapassato	
spegnessi	avessi	spento
spegnessi	avessi	spento
spegnesse	avesse	spento
spegnẹssimo	avẹssimo	spento
spegneste	aveste	spento
spegnẹssero	avẹssero	spento

CONDIZIONALE

Presente	Passato	
spegnerei	avrei	spento
spegneresti	avresti	spento
spegnerebbe	avrebbe	spento
spegneremmo	avremmo	spento
spegnereste	avreste	spento
spegnerẹbbero	avrẹbbero	spento

IMPERATIVO

—		*(noi)*	spegniamo
(tu)	spegni	*(voi)*	spegnete
(Lei)	spenga	*(Loro)*	spẹngano

INFINITO

Presente	Passato
spẹgnere	avere spento

GERUNDIO

Presente	Passato
spegnendo	avendo spento

PARTICIPIO

Passato
spento

tacere

calar

-c- → -cc(i)-, -cqu-

INDICATIVO

Presente	**Passato prossimo**	
taccio	ho	taciuto
taci	hai	taciuto
tace	ha	taciuto
tac(c)iamo	abbiamo	taciuto
tacete	avete	taciuto
tạcciono	hanno	taciuto

Imperfetto	**Trapassato prossimo**	
tacevo	avevo	taciuto
tacevi	avevi	taciuto
taceva	aveva	taciuto
tacevamo	avevamo	taciuto
tacevate	avevate	taciuto
tacẹvano	avẹvano	taciuto

Passato remoto	**Trapassato remoto**	
tacqui	ebbi	taciuto
tacesti	avesti	taciuto
tacque	ebbe	taciuto
tacemmo	avemmo	taciuto
taceste	aveste	taciuto
tạcquero	ẹbbero	taciuto

Futuro semplice	**Futuro anteriore**	
tacerò	avrò	taciuto
tacerai	avrai	taciuto
tacerà	avrà	taciuto
taceremo	avremo	taciuto
tacerete	avrete	taciuto
taceranno	avranno	taciuto

CONGIUNTIVO

Presente	**Passato**	
taccia	abbia	taciuto
taccia	abbia	taciuto
taccia	abbia	taciuto
tac(c)iamo	abbiamo	taciuto
tac(c)iate	abbiate	taciuto
tạcciano	ạbbiano	taciuto

Imperfetto	**Trapassato**	
tacessi	avessi	taciuto
tacessi	avessi	taciuto
tacessi	avesse	taciuto
tacẹssimo	avẹssimo	taciuto
taceste	aveste	taciuto
tacẹssero	avẹssero	taciuto

CONDIZIONALE

Presente	**Passato**	
tacerei	avrei	taciuto
taceresti	avresti	taciuto
tacerebbe	avrebbe	taciuto
taceremmo	avremmo	taciuto
tacereste	avreste	taciuto
tacerẹbbero	avrẹbbero	taciuto

IMPERATIVO

—		*(noi)*	tac(c)iamo
(tu)	taci	*(voi)*	tacete
(Lei)	taccia	*(Loro)*	tạcciano

INFINITO

Presente	**Passato**
tacere	avere taciuto

GERUNDIO

Presente	**Passato**
tacendo	avendo taciuto

PARTICIPIO

Passato
taciuto

tenere

segurar

INDICATIVO

Presente	Passato prossimo	
tengo	ho	tenuto
tieni	hai	tenuto
tiene	ha	tenuto
teniamo	abbiamo	tenuto
tenete	avete	tenuto
tẹngono	hanno	tenuto

Imperfetto	Trapassato prossimo	
tenevo	avevo	tenuto
tenevi	avevi	tenuto
teneva	aveva	tenuto
tenevamo	avevamo	tenuto
tenevate	avevate	tenuto
tenẹvano	avẹvano	tenuto

Passato remoto	Trapassato remoto	
tenni	ebbi	tenuto
tenesti	avesti	tenuto
tenne	ebbe	tenuto
tenemmo	avemmo	tenuto
teneste	aveste	tenuto
tẹnnero	ẹbbero	tenuto

Futuro semplice	Futuro anteriore	
terrò	avrò	tenuto
terrai	avrai	tenuto
terrà	avrà	tenuto
terremo	avremo	tenuto
terrete	avrete	tenuto
terranno	avranno	tenuto

CONGIUNTIVO

Presente	Passato	
tenga	abbia	tenuto
tenga	abbia	tenuto
tenga	abbia	tenuto
teniamo	abbiamo	tenuto
teniate	abbiate	tenuto
tẹngano	ạbbiano	tenuto

Imperfetto	Trapassato	
tenessi	avessi	tenuto
tenessi	avessi	tenuto
tenesse	avesse	tenuto
tenẹssimo	avẹssimo	tenuto
teneste	aveste	tenuto
tenẹssero	avẹssero	tenuto

CONDIZIONALE

Presente	Passato	
terrei	avrei	tenuto
terresti	avresti	tenuto
terrebbe	avrebbe	tenuto
terremmo	avremmo	tenuto
terreste	avreste	tenuto
terrẹbbero	avrẹbbero	tenuto

IMPERATIVO

—		*(noi)*	teniamo
(tu)	tieni	*(voi)*	tenete
(Lei)	tenga	*(Loro)*	tẹngano

INFINITO

Presente	Passato
tenere	avere tenuto

GERUNDIO

Presente	Passato
tenendo	avendo tenuto

PARTICIPIO

Passato
tenuto

trarre

puxar

Forma abreviada de **trạere**

INDICATIVO

Presente	Passato prossimo	
traggo	ho	tratto
trai	hai	tratto
trae	ha	tratto
traiamo	abbiamo	tratto
traete	avete	tratto
trạggono	hanno	tratto

Imperfetto	Trapassato prossimo	
traevo	avevo	tratto
traevi	avevi	tratto
traeva	aveva	tratto
traevamo	avevamo	tratto
traevate	avevate	tratto
traẹvano	avẹvano	tratto

Passato remoto	Trapassato remoto	
trassi	ebbi	tratto
traesti	avesti	tratto
trasse	ebbe	tratto
traemmo	avemmo	tratto
traeste	aveste	tratto
trạssero	ẹbbero	tratto

Futuro semplice	Futuro anteriore	
trarrò	avrò	tratto
trarrai	avrai	tratto
trarrà	avrà	tratto
trarremo	avremo	tratto
trarrete	avrete	tratto
trarranno	avranno	tratto

CONGIUNTIVO

Presente	Passato	
tragga	abbia	tratto
tragga	abbia	tratto
tragga	abbia	tratto
traiamo	abbiamo	tratto
traiate	abbiate	tratto
trạggano	ạbbiano	tratto

Imperfetto	Trapassato	
traessi	avessi	tratto
traessi	avessi	tratto
traesse	avesse	tratto
traẹssimo	avẹssimo	tratto
traeste	aveste	tratto
traẹssero	avẹssero	tratto

CONDIZIONALE

Presente	Passato	
trarrei	avrei	tratto
trarresti	avresti	tratto
trarrebbe	avrebbe	tratto
trarremmo	avremmo	tratto
trarreste	avreste	tratto
trarrẹbbero	avrẹbbero	tratto

IMPERATIVO

—		*(noi)*	traiamo
(tu)	trai	*(voi)*	traete
(Lei)	tragga	*(Loro)*	trạggano

INFINITO

Presente	Passato
trarre	avere tratto

GERUNDIO

Presente	Passato
traendo	avendo tratto

PARTICIPIO

Passato

tratto

valere
valer

INDICATIVO

Presente	Passato prossimo	
valgo	sono	valso
vali	sei	valso
vale	è	valso
valiamo	siamo	valsi
valete	siete	valsi
vạlgono	sono	valsi

Imperfetto	Trapassato prossimo	
valevo	ero	valso
valevi	eri	valso
valeva	era	valso
valevamo	eravamo	valsi
valevate	eravate	valsi
valẹvano	ẹrano	valsi

Passato remoto	Trapassato remoto	
valsi	fui	valso
valesti	fosti	valso
valse	fu	valso
valemmo	fummo	valsi
valeste	foste	valsi
vạlsero	fụrono	valsi

Futuro semplice	Futuro anteriore	
varrò	sarò	valso
varrai	sarai	valso
varrà	sarà	valso
varremo	saremo	valsi
varrete	sarete	valsi
varranno	saranno	valsi

CONGIUNTIVO

Presente	Passato	
valga	sia	valso
valga	sia	valso
valga	sia	valso
valiamo	siamo	valsi
valiate	siate	valsi
vạlgano	sịano	valsi

Imperfetto	Trapassato	
valessi	fossi	valso
valessi	fossi	valso
valesse	fosse	valso
valẹssimo	fọssimo	valsi
valeste	foste	valsi
valẹssero	fọssero	valsi

CONDIZIONALE

Presente	Passato	
varrei	sarei	valso
varresti	saresti	valso
varrebbe	sarebbe	valso
varremmo	saremmo	valsi
varreste	sareste	valsi
varrẹbbero	sarẹbbero	valsi

IMPERATIVO

—		*(noi)*	valiamo
(tu)	vali	*(voi)*	valete
(Lei)	valga	*(Loro)*	vạlgano

INFINITO

Presente	Passato
valere	ẹssere valso

GERUNDIO

Presente	Passato
valendo	essendo valso

PARTICIPIO

Passato
valso

vedere
ver

INDICATIVO

Presente	Passato prossimo	
vedo	ho	visto
vedi	hai	visto
vede	ha	visto
vediamo	abbiamo	visto
vedete	avete	visto
vẹdono	hanno	visto

Imperfetto	Trapassato prossimo	
vedevo	avevo	visto
vedevi	avevi	visto
vedeva	aveva	visto
vedevamo	avevamo	visto
vedevate	avevate	visto
vedẹvano	avẹvano	visto

Passato remoto	Trapassato remoto	
vidi	ebbi	visto
vedesti	avesti	visto
vide	ebbe	visto
vedemmo	avemmo	visto
vedeste	aveste	visto
vịdero	ẹbbero	visto

Futuro semplice	Futuro anteriore	
vedrò	avrò	visto
vedrai	avrai	visto
vedrà	avrà	visto
vedremo	avremo	visto
vedrete	avrete	visto
vedranno	avranno	visto

CONGIUNTIVO

Presente	Passato	
veda	abbia	visto
veda	abbia	visto
veda	abbia	visto
vediamo	abbiamo	visto
vediate	abbiate	visto
vẹdano	ạbbiano	visto

Imperfetto	Trapassato	
vedessi	avessi	visto
vedessi	avessi	visto
vedesse	avesse	visto
vedẹssimo	avẹssimo	visto
vedeste	aveste	visto
vedẹssero	avẹssero	visto

CONDIZIONALE

Presente	Passato	
vedrei	avrei	visto
vedresti	avresti	visto
vedrebbe	avrebbe	visto
vedremmo	avremmo	visto
vedreste	avreste	visto
vedrẹbbero	avrẹbbero	visto

IMPERATIVO

—		*(noi)*	vediamo
(tu)	vedi	*(voi)*	vedete
(Lei)	veda	*(Loro)*	vẹdano

INFINITO

Presente	Passato
vedere	avere visto

GERUNDIO

Presente	Passato
vedendo	avendo visto

PARTICIPIO

Passato
visto / veduto

2ª conjugação

vivere
viver

-v- → -ss-

INDICATIVO

Presente	Passato prossimo	
vivo	ho	vissuto
vivi	hai	vissuto
vive	ha	vissuto
viviamo	abbiamo	vissuto
vivete	avete	vissuto
vivono	hanno	vissuto

Imperfetto	Trapassato prossimo	
vivevo	avevo	vissuto
vivevi	avevi	vissuto
viveva	aveva	vissuto
vivevamo	avevamo	vissuto
vivevate	avevate	vissuto
vivevano	avevano	vissuto

Passato remoto	Trapassato remoto	
vissi	ebbi	vissuto
vivesti	avesti	vissuto
visse	ebbe	vissuto
vivemmo	avemmo	vissuto
viveste	aveste	vissuto
vissero	ebbero	vissuto

Futuro semplice	Futuro anteriore	
vivrò	avrò	vissuto
vivrai	avrai	vissuto
vivrà	avrà	vissuto
vivremo	avremo	vissuto
vivrete	avrete	vissuto
vivranno	avranno	vissuto

CONGIUNTIVO

Presente	Passato	
viva	abbia	vissuto
viva	abbia	vissuto
viva	abbia	vissuto
viviamo	abbiamo	vissuto
viviate	abbiate	vissuto
vivano	abbiano	vissuto

Imperfetto	Trapassato	
vivessi	avessi	vissuto
vivessi	avessi	vissuto
vivesse	avesse	vissuto
vivessimo	avessimo	vissuto
viveste	aveste	vissuto
vivessero	avessero	vissuto

CONDIZIONALE

Presente	Passato	
vivrei	avrei	vissuto
vivresti	avresti	vissuto
vivrebbe	avrebbe	vissuto
vivremmo	avremmo	vissuto
vivreste	avreste	vissuto
vivrebbero	avrebbero	vissuto

IMPERATIVO

—		*(noi)*	viviamo
(tu)	vivi	*(voi)*	vivete
(Lei)	viva	*(Loro)*	vivano

INFINITO

Presente	Passato
vivere	avere vissuto

GERUNDIO

Presente	Passato
vivendo	avendo vissuto

PARTICIPIO

Passato
vissuto

volere
querer

INDICATIVO

Presente	Passato prossimo	
voglio	ho	voluto
vuoi	hai	voluto
vuole	ha	voluto
vogliamo	abbiamo	voluto
volete	avete	voluto
vogliono	hanno	voluto

Imperfetto	Trapassato prossimo	
volevo	avevo	voluto
volevi	avevi	voluto
voleva	aveva	voluto
volevamo	avevamo	voluto
volevate	avevate	voluto
volevano	avevano	voluto

Passato remoto	Trapassato remoto	
volli	ebbi	voluto
volesti	avesti	voluto
volle	ebbe	voluto
volemmo	avemmo	voluto
voleste	aveste	voluto
vollero	ebbero	voluto

Futuro semplice	Futuro anteriore	
vorrò	avrò	voluto
vorrai	avrai	voluto
vorrà	avrà	voluto
vorremo	avremo	voluto
vorrete	avrete	voluto
vorranno	avranno	voluto

CONGIUNTIVO

Presente	Passato	
voglia	abbia	voluto
voglia	abbia	voluto
voglia	abbia	voluto
vogliamo	abbiamo	voluto
vogliate	abbiate	voluto
vogliano	abbiano	voluto

Imperfetto	Trapassato	
volessi	avessi	voluto
volessi	avessi	voluto
volesse	avesse	voluto
volessimo	avessimo	voluto
voleste	aveste	voluto
volessero	avessero	voluto

CONDIZIONALE

Presente	Passato	
vorrei	avrei	voluto
vorresti	avresti	voluto
vorrebbe	avrebbe	voluto
vorremmo	avremmo	voluto
vorreste	avreste	voluto
vorrebbero	avrebbero	voluto

IMPERATIVO

—		*(noi)*	vogliamo
(tu)	vogli	*(voi)*	vogliate
(Lei)	voglia	*(Loro)*	vogliano

INFINITO

Presente	Passato
volere	avere voluto

GERUNDIO

Presente	Passato
volendo	avendo voluto

PARTICIPIO

Passato
voluto

Verbos da 2ª conjugação que são irregulares apenas em algumas formas do *passato remoto* e/ou no *participio*

< + E > = verbo que tem os tempos compostos conjugados com *essere*
< + E/A > = verbo que tem os tempos compostos conjugados com *essere* ou *avere*

Todos os demais verbos têm os tempos compostos conjugados com *avere*.

49

affịgere afixar	**Passato remoto**		**Participio**
	affisi	affiggemmo	affisso
	affiggesti	affiggesto	
	affisse	affịssero	

50

ạrdere queimar	**Passato remoto**		**Participio**
	arsi	ardemmo	arso
	ardesti	ardeste	
	arse	ạrsero	< + E/A >

51

assọlvere absolver	**Passato remoto**		**Participio**
	assolsi	assolvemmo	assolto
	assolvesti	assolveste	
	assolse	assọlsero	

52

assụmere assumir	**Passato remoto**		**Participio**
	assunsi	assumemmo	assunto
	assumesti	assumeste	
	assunse	assụnsero	

53

assụrgere ascender	**Passato remoto**		**Participio**
	assursi	assurgemmo	assurto
	assurgesti	assurgeste	
	assurse	assụrsero	< + E >

54

concẹdere conceder	**Passato remoto**		**Participio**
	concessi	concedemmo	concesso
	concedesti	concedeste	
	concesse	concẹssero	

Nº	Verbo	Passato remoto		Participio
55	**conoscere**	conobbi	conoscemmo	conosciuto
	conhecer	conoscesti	conosceste	
		conobbe	conobbero	
56	**contundere**	contusi	contundemmo	contuso
	contundir	contundesti	contundeste	
		contuse	contusero	
57	**correre**	corsi	corremmo	corso
	correr	corresti	correste	
		corse	corsero	< + E/A >
58	**crescere**	crebbi	crescemmo	cresciuto
	crescer	crescesti	cresceste	
		crebbe	crebbero	< + E/A >
59	**discutere**	discussi	discutemmo	discusso
	discutir	discutesti	discuteste	
		discusse	discussero	
60	**dissuadere**	dissuasi	disuademmo	dissuaso
	dissuadir	dissuadesti	dissuadeste	
		dissuase	dissuasero	
61	**distinguere**	distinsi	distinguemmo	distinto
	distinguir	distinguesti	distingueste	
		distinse	distinsero	

62

emẹrgere
emergir

Passato remoto		Participio
emersi	emergemmo	emerso
emergesti	emergeste	
emerse	emẹrsero	< + E >

63

ẹrgere
alçar

Passato remoto		Participio
ersi	ergemmo	erto
ergesti	ergeste	
erse	ẹrsero	

64

erịgere
erigir

Passato remoto		Participio
eressi	erigemmo	eretto
erigesti	erigeste	
eresse	erẹssero	

65

espạndere
expandir

Passato remoto		Participio
espansi	espandemmo	espanso
espandesti	espandeste	
espanse	espạnsero	

66

espẹllere
expelir

Passato remoto		Participio
espulsi	espellemmo	espulso
espellesti	espelleste	
espulse	espụlsero	

67

esprịmere
exprimir

Passato remoto		Participio
espressi	esprimemmo	espresso
esprimesti	esprimeste	
espresse	esprẹssero	

68

fịggere
fincar

Passato remoto		Participio
fissi	figgemmo	fitto
figgesti	figgeste	
fisse	fịssero	

69

fịngere
fingir

Passato remoto		Participio
finsi	fingemmo	finto
fingesti	fingeste	
finse	fịnsero	

70

fọndere
fundir

Passato remoto		Participio
fusi	fondemmo	fuso
fondesti	fondeste	
fuse	fụsero	

71

frạngere
quebrar

Passato remoto		Participio
fransi	frangemmo	franto
frangesti	frangeste	
franse	frạnsero	

72

fụngere
funcionar

Passato remoto		Participio
funsi	fungemmo	funto
fungesti	fungeste	
funse	fụnsero	

73

giụngere
chegar

Passato remoto		Participio
giunsi	giungemmo	giunto
giungesti	giungeste	
giunse	giụnsero	< + E >

74

indụlgere
desculpar

Passato remoto		Participio
indulsi	indulgemmo	indulto
indulgesti	indulgeste	
indulse	indụlsero	

75

invạdere
invadir

Passato remoto		Participio
invasi	invademmo	invaso
invadesti	invadeste	
invase	invạsero	

76

lẹggere
ler

Passato remoto		Participio
lessi	leggemmo	letto
leggesti	leggeste	
lesse	lẹssero	

77

mẹttere
pôr

Passato remoto		Participio
misi	mettemmo	messo
mettesti	metteste	
mise	mịsero	

78

mọrdere
morder

Passato remoto		Participio
morsi	mordemmo	morso
mordesti	mordeste	
morse	mọrsero	

79

nạscere
nascer

Passato remoto		Participio
nacqui	nascemmo	nato
nascesti	nasceste	
nacque	nạcquero	< + E >

80

pẹrdere
perder

Passato remoto		Participio
persi/perdei/-etti	perdemmo	perso / perduto
perdesti	perdeste	
perse/perdé/-ette	pẹrsero/ perdẹrono/-ẹttero	

81

piạngere
chorar

Passato remoto		Participio
piansi	piangemmo	pianto
piangesti	piangeste	
pianse	piạnsero	

82

piọvere
chover

Passato remoto		Participio
—	—	piovuto
—	—	
piovve	—	< + E/A >

	Passato remoto		Participio
83			
prẹndere pegar	presi	prendemmo	preso
	prendesti	prendeste	
	prese	prẹsero	
84			
redịgere redigir	redassi	redigemmo	redatto
	redigesti	redigeste	
	redasse	redạssero	
85			
redịmere redimir	redensi	redimemmo	redento
	redimesti	redimeste	
	redense	redẹnsero	
86			
resịstere resistir	resistei / -etti	resistemmo	resistito
	resistesti	resisteste	
	resisté / -ette	resistẹrono / -ẹttero	
87			
rịdere rir	risi	ridemmo	riso
	ridesti	rideste	
	rise	rịsero	
88			
riflẹttere refletir	riflessi / riflettei	riflettemmo	riflesso / riflettuto
	riflettesti	rifletteste	
	riflesse	riflẹssero	
89			
rispọndere responder	risposi	rispondemmo	risposto
	rispondesti	rispondeste	
	rispose	rispọsero	

90

rọdere
roer

Passato remoto		Participio
rosi	rodemmo	roso
rodesti	rodeste	
rose	rọsero	

91

rọmpere
romper

Passato remoto		Participio
ruppi	rompemmo	rotto
rompesti	rompeste	
ruppe	rụppero	

92

scịndere
cindir

Passato remoto		Participio
scissi	scindemmo	scisso
scindesti	scindeste	
scisse	scịssero	

93

scrịvere
escrever

Passato remoto		Participio
scrissi	scrivemmo	scritto
scrivesti	scriveste	
scrisse	scrịssero	

94

sọrgere
surgir

Passato remoto		Participio
sorsi	sorgemmo	sorto
sorgesti	sorgeste	
sorse	sọrsero	< + E >

95

spạrgere
espalhar

Passato remoto		Participio
sparsi	spargemmo	sparso
spargesti	spargeste	
sparse	spạrsero	

96

strịngere
apertar

Passato remoto		Participio
strinsi	stringemmo	stretto
stringesti	stringeste	
strinse	strịnsero	

Nº	Verbo	Passato remoto		Participio
97	**strụggere** fundir	strussi struggesti strusse	struggemmo struggeste strụssero	strutto
98	**tọrcere** torcer	torsi torcesti torse	torcemmo torceste tọrsero	torto
99	**vịncere** vencer	vinsi vincesti vinse	vincemmo vinceste vịnsero	vinto
100	**vọlgere** virar	volsi volgesti volse	volgemmo volgeste vọlsero	volto

3ª conjugação

sentire

ouvir, sentir

Verbo regular

INDICATIVO

Presente	Passato prossimo	
sent**o**	ho	sentito
sent**i**	hai	sentito
sent**e**	ha	sentito
sent**iamo**	abbiamo	sentito
sent**ite**	avete	sentito
sẹnt**ono**	hanno	sentito

Imperfetto	Trapassato prossimo	
sent**ivo**	avevo	sentito
sent**ivi**	avevi	sentito
sent**iva**	aveva	sentito
sent**ivamo**	avevamo	sentito
sent**ivate**	avevate	sentito
sent**ịvano**	avẹvano	sentito

Passato remoto	Trapassato remoto	
sent**ii**	ebbi	sentito
sent**isti**	avesti	sentito
sent**ì**	ebbe	sentito
sent**immo**	avemmo	sentito
sent**iste**	aveste	sentito
sent**ịrono**	ẹbbero	sentito

Futuro semplice	Futuro anteriore	
sent**irò**	avrò	sentito
sent**irai**	avrai	sentito
sent**irà**	avrà	sentito
sent**iremo**	avremo	sentito
sent**irete**	avrete	sentito
sent**iranno**	avranno	sentito

CONGIUNTIVO

Presente	Passato	
sent**a**	abbia	sentito
sent**a**	abbia	sentito
sent**a**	abbia	sentito
sent**iamo**	abbiamo	sentito
sent**iate**	abbiate	sentito
sẹnt**ano**	ạbbiano	sentito

Imperfetto	Trapassato	
sent**issi**	avessi	sentito
sent**issi**	avessi	sentito
sent**isse**	avesse	sentito
sent**ịssimo**	avẹssimo	sentito
sent**iste**	aveste	sentito
sent**ịssero**	avẹssero	sentito

CONDIZIONALE

Presente	Passato	
sent**irei**	avrei	sentito
sent**iresti**	avresti	sentito
sent**irebbe**	avrebbe	sentito
sent**iremmo**	avremmo	sentito
sent**ireste**	avreste	sentito
sent**irẹbbero**	avrẹbbero	sentito

IMPERATIVO

—		*(noi)*	sent**iamo**
(tu)	sent**i**	*(voi)*	sent**ite**
(Lei)	sent**a**	*(Loro)*	sẹnt**ano**

INFINITO

Presente	Passato
sent**ire**	avere sentito

GERUNDIO

Presente	Passato
sent**endo**	avendo sentito

PARTICIPIO

Passato
sent**ito**

apparire
aparecer

INDICATIVO

Presente	Passato prossimo	
appaio / apparisco	sono	apparso
appari / apparisci	sei	apparso
appare / apparisce	è	apparso
appariamo	siamo	apparsi
apparite	siete	apparsi
appaiono / appariscono	sono	apparsi

Imperfetto	Trapassato prossimo	
apparivo	ero	apparso
apparivi	eri	apparso
appariva	era	apparso
apparivamo	eravamo	apparsi
apparivate	eravate	apparsi
apparivano	erano	apparsi

Passato remoto	Trapassato remoto	
apparii / -arsi / -arvi	fui	apparso
apparisti	fosti	apparso
apparì / -arse / -arve	fu	apparso
apparimmo	fummo	apparsi
appariste	foste	apparsi
apparirono / -arsero / -arvero	furono	apparsi

Futuro semplice	Futuro anteriore	
apparirò	sarò	apparso
apparirai	sarai	apparso
apparirà	sarà	apparso
appariremo	saremo	apparsi
apparirete	sarete	apparsi
appariranno	saranno	apparsi

CONGIUNTIVO

Presente	Passato	
appaia / apparisca	sia	apparso
appaia / apparisca	sia	apparso
appaia / apparisca	sia	apparso
appariamo	siamo	apparsi
appariate	siate	apparsi
appaiano / appariscano	siano	apparsi

Imperfetto	Trapassato	
apparissi	fossi	apparso
apparissi	fossi	apparso
apparisse	fosse	apparso
apparissimo	fossimo	apparsi
appariste	foste	apparsi
apparissero	fossero	apparsi

CONDIZIONALE

Presente	Passato	
apparirei	sarei	apparso
appariresti	saresti	apparso
apparirebbe	sarebbe	apparso
appariremmo	saremmo	apparsi
apparireste	sareste	apparsi
apparirebbero	sarebbero	apparsi

IMPERATIVO

—		*(noi)*	appariamo
(tu)	appari / apparisci	*(voi)*	apparite
(Lei)	appaia / apparisca	*(Loro)*	appaiano / appariscano

INFINITO

Presente	Passato
apparire	essere apparso

GERUNDIO

Presente	Passato
apparendo	essendo apparso

PARTICIPIO

Passato
apparso

aprire

abrir

INDICATIVO

Presente	Passato prossimo	
apro	ho	aperto
apri	hai	aperto
apre	ha	aperto
apriamo	abbiamo	aperto
aprite	avete	aperto
ạprono	hanno	aperto

Imperfetto	Trapassato prossimo	
aprivo	avevo	aperto
aprivi	avevi	aperto
apriva	aveva	aperto
aprivamo	avevamo	aperto
aprivate	avevate	aperto
aprịvano	avẹvano	aperto

Passato remoto	Trapassato remoto	
aprii / apersi	ebbi	aperto
apristi	avesti	aperto
aprì / aperse	ebbe	aperto
aprimmo	avemmo	aperto
apriste	aveste	aperto
aprịrono / apẹrsero	ẹbbero	aperto

Futuro semplice	Futuro anteriore	
aprirò	avrò	aperto
aprirai	avrai	aperto
aprirà	avrà	aperto
apriremo	avremo	aperto
aprirete	avrete	aperto
apriranno	avranno	aperto

CONGIUNTIVO

Presente	Passato	
apra	abbia	aperto
apra	abbia	aperto
apra	abbia	aperto
apriamo	abbiamo	aperto
apriate	abbiate	aperto
ạprano	ạbbiano	aperto

Imperfetto	Trapassato	
aprissi	avessi	aperto
aprissi	avessi	aperto
aprisse	avesse	aperto
aprịssimo	avẹssimo	aperto
apriste	aveste	aperto
aprịssero	avẹssero	aperto

CONDIZIONALE

Presente	Passato	
aprirei	avrei	aperto
apriresti	avresti	aperto
aprirebbe	avrebbe	aperto
apriremmo	avremmo	aperto
aprireste	avreste	aperto
aprirẹbbero	avrẹbbero	aperto

IMPERATIVO

—		*(noi)*	apriamo
(tu)	apri	*(voi)*	aprite
(Lei)	apra	*(Loro)*	ạprano

INFINITO

Presente	Passato
aprire	avere aperto

GERUNDIO

Presente	Passato
aprendo	avendo aperto

PARTICIPIO

Passato
aperto

capire

compreender

Verbo regular, mas: + **-isc-**

INDICATIVO

Presente	**Passato prossimo**	
capisco	ho	capito
capisci	hai	capito
capisce	ha	capito
capiamo	abbiamo	capito
capite	avete	capito
capiscono	hanno	capito

Imperfetto	**Trapassato prossimo**	
capivo	avevo	capito
capivi	avevi	capito
capiva	aveva	capito
capivamo	avevamo	capito
capivate	avevate	capito
capivano	avevano	capito

Passato remoto	**Trapassato remoto**	
capii	ebbi	capito
capisti	avesti	capito
capì	ebbe	capito
capimmo	avemmo	capito
capiste	aveste	capito
capirono	ebbero	capito

Futuro semplice	**Futuro anteriore**	
capirò	avrò	capito
capirai	avrai	capito
capirà	avrà	capito
capiremo	avremo	capito
capirete	avrete	capito
capiranno	avranno	capito

CONGIUNTIVO

Presente	**Passato**	
capisca	abbia	capito
capisca	abbia	capito
capisca	abbia	capito
capiamo	abbiamo	capito
capiate	abbiate	capito
capiscano	abbiano	capito

Imperfetto	**Trapassato**	
capissi	avessi	capito
capissi	avessi	capito
capisse	avesse	capito
capissimo	avessimo	capito
capiste	aveste	capito
capissero	avessero	capito

CONDIZIONALE

Presente	**Passato**	
capirei	avrei	capito
capiresti	avresti	capito
capirebbe	avrebbe	capito
capiremmo	avremmo	capito
capireste	avreste	capito
capirebbero	avrebbero	capito

IMPERATIVO

—		*(noi)*	capiamo
(tu)	capisci	*(voi)*	capite
(Lei)	capisca	*(Loro)*	capiscano

INFINITO

Presente	**Passato**
capire	avere capito

GERUNDIO

Presente	**Passato**
capendo	avendo capito

PARTICIPIO

Passato

capito

cucire

costurar

Verbo regular, mas: **-c-** → **-ci-** antes de **-a** e **-o**

INDICATIVO

Presente	Passato prossimo	
cucio	ho	cucito
cuci	hai	cucito
cuce	ha	cucito
cuciamo	abbiamo	cucito
cucite	avete	cucito
cuciono	hanno	cucito

Imperfetto	Trapassato prossimo	
cucivo	avevo	cucito
cucivi	avevi	cucito
cuciva	aveva	cucito
cucivamo	avevamo	cucito
cucivate	avevate	cucito
cucivano	avevano	cucito

Passato remoto	Trapassato remoto	
cucii	ebbi	cucito
cucisti	avesti	cucito
cucì	ebbe	cucito
cucimmo	avemmo	cucito
cuciste	aveste	cucito
cucirono	ebbero	cucito

Futuro semplice	Futuro anteriore	
cucirò	avrò	cucito
cucirai	avrai	cucito
cucirà	avrà	cucito
cuciremo	avremo	cucito
cucirete	avrete	cucito
cuciranno	avranno	cucito

CONGIUNTIVO

Presente	Passato	
cucia	abbia	cucito
cucia	abbia	cucito
cucia	abbia	cucito
cuciamo	abbiamo	cucito
cuciate	abbiate	cucito
cuciano	abbiano	cucito

Imperfetto	Trapassato	
cucissi	avessi	cucito
cucissi	avessi	cucito
cucisse	avesse	cucito
cucissimo	avessimo	cucito
cuciste	aveste	cucito
cucissero	avessero	cucito

CONDIZIONALE

Presente	Passato	
cucirei	avrei	cucito
cuciresti	avresti	cucito
cucirebbe	avrebbe	cucito
cuciremmo	avremmo	cucito
cucireste	avreste	cucito
cucirebbero	avrebbero	cucito

IMPERATIVO

—		*(noi)*	cuciamo
(tu)	cuci	*(voi)*	cucite
(Lei)	cucia	*(Loro)*	cuciano

INFINITO

Presente	Passato
cucire	avere cucito

GERUNDIO

Presente	Passato
cucendo	avendo cucito

PARTICIPIO

Passato
cucito

inorgoglire
orgulhar

+ **-isc-** / *Gerundio* = **-ie**ndo

INDICATIVO

Presente	Passato prossimo	
inorgoglisco	sono	inorgoglito
inorgoglisci	sei	inorgoglito
inorgoglisce	è	inorgoglito
inorgogliamo	siamo	inorgogliti
inorgoglite	siete	inorgogliti
inorgogliscono	sono	inorgogliti

Imperfetto	Trapassato prossimo	
inorgoglivo	ero	inorgoglito
inorgoglivi	eri	inorgoglito
inorgogliva	era	inorgoglito
inorgoglivamo	eravamo	inorgogliti
inorgoglivate	eravate	inorgogliti
inorgoglivano	erano	inorgogliti

Passato remoto	Trapassato remoto	
inorgoglii	fui	inorgoglito
inorgoglisti	fosti	inorgoglito
inorgoglì	fu	inorgoglito
inorgoglimmo	fummo	inorgogliti
inorgogliste	foste	inorgogliti
inorgoglirono	furono	inorgogliti

Futuro semplice	Futuro anteriore	
inorgoglirò	sarò	inorgoglito
inorgoglirai	sarai	inorgoglito
inorgoglirà	sarà	inorgoglito
inorgogliremo	saremo	inorgogliti
inorgoglirete	sarete	inorgogliti
inorgogliranno	saranno	inorgogliti

CONGIUNTIVO

Presente	Passato	
inorgoglisca	sia	inorgoglito
inorgoglisca	sia	inorgoglito
inorgoglisca	sia	inorgoglito
inorgogliamo	siamo	inorgogliti
inorgogliate	siate	inorgogliti
inorgogliscano	siano	inorgogliti

Imperfetto	Trapassato	
inorgoglissi	fossi	inorgoglito
inorgoglissi	fossi	inorgoglito
inorgoglisse	fosse	inorgoglito
inorgoglissimo	fossimo	inorgogliti
inorgogliste	foste	inorgogliti
inorgoglissero	fossero	inorgogliti

CONDIZIONALE

Presente	Passato	
inorgoglirei	sarei	inorgoglito
inorgogliresti	saresti	inorgoglito
inorgoglirebbe	sarebbe	inorgoglito
inorgogliremmo	saremmo	inorgogliti
inorgoglireste	sareste	inorgogliti
inorgoglirebbero	sarebbero	inorgogliti

IMPERATIVO

—		*(noi)*	inorgogliamo
(tu)	inorgoglisci	*(voi)*	inorgoglite
(Lei)	inorgoglisca	*(Loro)*	inorgogliscano

INFINITO

Presente	Passato
inorgoglire	essere inorgoglito

GERUNDIO

Presente	Passato
inorgogliendo	essendo inorgoglito

PARTICIPIO

Passato
inorgoglito

3ª conjugação

morire

morrer

INDICATIVO

Presente	Passato prossimo	
muoio	sono	morto
muori	sei	morto
muore	è	morto
moriamo	siamo	morti
morite	siete	morti
muọiono	sono	morti

Imperfetto	Trapassato prossimo	
morivo	ero	morto
morivi	eri	morto
moriva	era	morto
morivamo	eravamo	morti
morivate	eravate	morti
morịvano	ẹrano	morti

Passato remoto	Trapassato remoto	
morii	fui	morto
moristi	fosti	morto
morì	fu	morto
morimmo	fummo	morti
moriste	foste	morti
morịrono	fụrono	morti

Futuro semplice	Futuro anteriore	
mor(i)rò	sarò	morto
mor(i)rai	sarai	morto
mor(i)rà	sarà	morto
mor(i)remo	saremo	morti
mor(i)rete	sarete	morti
mor(i)ranno	saranno	morti

CONGIUNTIVO

Presente	Passato	
muoia	sia	morto
muoia	sia	morto
muoia	sia	morto
moriamo	siamo	morti
moriate	siate	morti
muọiano	sịano	morti

Imperfetto	Trapassato	
morissi	fossi	morto
morissi	fossi	morto
morisse	fosse	morto
morịssimo	fọssimo	morti
moriste	foste	morti
morịssero	fọssero	morti

CONDIZIONALE

Presente	Passato	
mor(i)rei	sarei	morto
mor(i)resti	saresti	morto
mor(i)rebbe	sarebbe	morto
mor(i)remmo	saremmo	morti
mor(i)reste	sareste	morti
mor(i)rẹbbero	sarẹbbero	morti

IMPERATIVO

—		*(noi)*	moriamo
(tu)	muori	*(voi)*	morite
(Lei)	muoia	*(Loro)*	muọiano

INFINITO

Presente	Passato
morire	ẹssere morto

GERUNDIO

Presente	Passato
morendo	essendo morto

PARTICIPIO

Passato
morto

offrire
oferecer

INDICATIVO

Presente	Passato prossimo	
offro	ho	offerto
offri	hai	offerto
offre	ha	offerto
offriamo	abbiamo	offerto
offrite	avete	offerto
offrono	hanno	offerto

Imperfetto	Trapassato prossimo	
offrivo	avevo	offerto
offrivi	avevi	offerto
offriva	aveva	offerto
offrivamo	avevamo	offerto
offrivate	avevate	offerto
offrivano	avevano	offerto

Passato remoto	Trapassato remoto	
offrii / offersi	ebbi	offerto
offristi	avesti	offerto
offrì / offerse	ebbe	offerto
offrimmo	avemmo	offerto
offriste	aveste	offerto
offrirono / offersero	ebbero	offerto

Futuro semplice	Futuro anteriore	
offrirò	avrò	offerto
offrirai	avrai	offerto
offrirà	avrà	offerto
offriremo	avremo	offerto
offrirete	avrete	offerto
offriranno	avranno	offerto

CONGIUNTIVO

Presente	Passato	
offra	abbia	offerto
offra	abbia	offerto
offra	abbia	offerto
offriamo	abbiamo	offerto
offriate	abbiate	offerto
offrano	abbiano	offerto

Imperfetto	Trapassato	
offrissi	avessi	offerto
offrissi	avessi	offerto
offrisse	avesse	offerto
offrissimo	avessimo	offerto
offriste	aveste	offerto
offrissero	avessero	offerto

CONDIZIONALE

Presente	Passato	
offrirei	avrei	offerto
offriresti	avresti	offerto
offrirebbe	avrebbe	offerto
offriremmo	avremmo	offerto
offrireste	avreste	offerto
offrirebbero	avrebbero	offerto

IMPERATIVO

—		*(noi)*	offriamo
(tu)	offri	*(voi)*	offrite
(Lei)	offra	*(Loro)*	offrano

INFINITO

Presente	Passato
offrire	avere offerto

GERUNDIO

Presente	Passato
offrendo	avendo offerto

PARTICIPIO

Passato
offerto

riempire

encher

INDICATIVO

Presente	Passato prossimo	
riempio	ho	riempito
riempi	hai	riempito
riempie	ha	riempito
riempiamo	abbiamo	riempito
riempite	avete	riempito
riẹmpiono	hanno	riempito

Imperfetto	Trapassato prossimo	
riempivo	avevo	riempito
riempivi	avevi	riempito
riempiva	aveva	riempito
riempivamo	avevamo	riempito
riempivate	avevate	riempito
riempịvano	avẹvano	riempito

Passato remoto	Trapassato remoto	
riempii	ebbi	riempito
riempisti	avesti	riempito
riempì	ebbe	riempito
riempimmo	avemmo	riempito
riempiste	aveste	riempito
riempịrono	ẹbbero	riempito

Futuro semplice	Futuro anteriore	
riempirò	avrò	riempito
riempirai	avrai	riempito
riempirà	avrà	riempito
riempiremo	avremo	riempito
riempirete	avrete	riempito
riempiranno	avranno	riempito

CONGIUNTIVO

Presente	Passato	
riempia	abbia	riempito
riempia	abbia	riempito
riempia	abbia	riempito
riempiamo	abbiamo	riempito
riempiate	abbiate	riempito
riẹmpiano	ạbbiano	riempito

Imperfetto	Trapassato	
riempissi	avessi	riempito
riempissi	avessi	riempito
riempissi	avesse	riempito
riempịssimo	avẹssimo	riempito
riempiste	aveste	riempito
riempịssero	avẹssero	riempito

CONDIZIONALE

Presente	Passato	
riempirei	avrei	riempito
riempiresti	avresti	riempito
riempirebbe	avrebbe	riempito
riempiremmo	avremmo	riempito
riempireste	avreste	riempito
riempirẹbbero	avrẹbbero	riempito

IMPERATIVO

—		*(noi)*	riempiamo
(tu)	riempi	*(voi)*	riempite
(Lei)	riempia	*(Loro)*	riẹmpiano

INFINITO

Presente	Passato
riempire	avere riempito

GERUNDIO

Presente	Passato
riempiendo	avendo riempito

PARTICIPIO

Passato
riempito

salire
subir

-l- → -lg-

INDICATIVO

Presente	**Passato prossimo**	
salgo	sono	salito
sali	sei	salito
sale	è	salito
saliamo	siamo	saliti
salite	siete	saliti
salgono	sono	saliti

Imperfetto	**Trapassato prossimo**	
salivo	ero	salito
salivi	eri	salito
saliva	era	salito
salivamo	eravamo	saliti
salivate	eravate	saliti
salivano	erano	saliti

Passato remoto	**Trapassato remoto**	
salii	fui	salito
salisti	fosti	salito
salì	fu	salito
salimmo	fummo	saliti
saliste	foste	saliti
salirono	furono	saliti

Futuro semplice	**Futuro anteriore**	
salirò	sarò	salito
salirai	sarai	salito
salirà	sarà	salito
saliremo	saremo	saliti
salirete	sarete	saliti
saliranno	saranno	saliti

CONGIUNTIVO

Presente	**Passato**	
salga	sia	salito
salga	sia	salito
salga	sia	salito
saliamo	siamo	saliti
salite	siate	saliti
salgano	siano	saliti

Imperfetto	**Trapassato**	
salissi	fossi	salito
salissi	fossi	salito
salisse	fosse	salito
salissimo	fossimo	saliti
saliste	foste	saliti
salissero	fossero	saliti

CONDIZIONALE

Presente	**Passato**	
salirei	sarei	salito
saliresti	saresti	salito
salirebbe	sarebbe	salito
saliremmo	saremmo	saliti
salireste	sareste	saliti
salirebbero	sarebbero	saliti

IMPERATIVO

—		*(noi)*	saliamo
(tu)	sali	*(voi)*	salite
(Lei)	salga	*(Loro)*	salgano

INFINITO

Presente	**Passato**
salire	essere salito

GERUNDIO

Presente	**Passato**
salendo	essendo salito

PARTICIPIO

Passato
salito

3ª conjugação

udire

ouvir

u- tônico → **o-**

INDICATIVO

Presente	Passato prossimo	
odo	ho	udito
odi	hai	udito
ode	ha	udito
udiamo	abbiamo	udito
udite	avete	udito
odono	hanno	udito

Imperfetto	Trapassato prossimo	
udivo	avevo	udito
udivi	avevi	udito
udiva	aveva	udito
udivamo	avevamo	udito
udivate	avevate	udito
udivano	avevano	udito

Passato remoto	Trapassato remoto	
udii	ebbi	udito
udisti	avesti	udito
udì	ebbe	udito
udimmo	avemmo	udito
udiste	aveste	udito
udirono	ebbero	udito

Futuro semplice	Futuro anteriore	
ud(i)rò	avrò	udito
ud(i)rai	avrai	udito
ud(i)rà	avrà	udito
ud(i)remo	avremo	udito
ud(i)rete	avrete	udito
ud(i)ranno	avranno	udito

CONGIUNTIVO

Presente	Passato	
oda	abbia	udito
oda	abbia	udito
oda	abbia	udito
udiamo	abbiamo	udito
udite	abbiate	udito
odano	abbiano	udito

Imperfetto	Trapassato	
udissi	avessi	udito
udissi	avessi	udito
udisse	avesse	udito
udissimo	avessimo	udito
udiste	aveste	udito
udissero	avessero	udito

CONDIZIONALE

Presente	Passato	
ud(i)rei	avrei	udito
ud(i)resti	avresti	udito
ud(i)rebbe	avrebbe	udito
ud(i)remmo	avremmo	udito
ud(i)reste	avreste	udito
ud(i)rebbero	avrebbero	udito

IMPERATIVO

—		*(noi)*	udiamo
(tu)	odi	*(voi)*	udite
(Lei)	oda	*(Loro)*	odano

INFINITO

Presente	Passato
udire	avere udito

GERUNDIO

Presente	Passato
udendo	avendo udito

PARTICIPIO

Passato
udito

uscire
sair

u- tônico → **e-**

INDICATIVO

Presente	Passato prossimo	
esco	sono	uscito
esci	sei	uscito
esce	è	uscito
usciamo	siamo	usciti
uscite	siete	usciti
escono	sono	usciti

Imperfetto	Trapassato prossimo	
uscivo	ero	uscito
uscivi	eri	uscito
usciva	era	uscito
uscivamo	eravamo	usciti
uscivate	eravate	usciti
uscivano	erano	usciti

Passato remoto	Trapassato remoto	
uscii	fui	uscito
uscisti	fosti	uscito
uscì	fu	uscito
uscimmo	fummo	usciti
usciste	foste	usciti
uscirono	furono	usciti

Futuro semplice	Futuro anteriore	
uscirò	sarò	uscito
uscirai	sarai	uscito
uscirà	sarà	uscito
usciremo	saremo	usciti
uscirete	sarete	usciti
usciranno	saranno	usciti

CONGIUNTIVO

Presente	Passato	
esca	sia	uscito
esca	sia	uscito
esca	sia	uscito
usciamo	siamo	usciti
uscite	siate	usciti
escano	siano	usciti

Imperfetto	Trapassato	
uscissi	fossi	uscito
uscissi	fossi	uscito
uscisse	fosse	uscito
uscissimo	fossimo	usciti
usciste	foste	usciti
uscissero	fossero	usciti

CONDIZIONALE

Presente	Passato	
uscirei	sarei	uscito
usciresti	saresti	uscito
uscirebbe	sarebbe	uscito
usciremmo	saremmo	usciti
uscireste	sareste	usciti
uscirebbero	sarebbero	usciti

IMPERATIVO

—		*(noi)*	usciamo
(tu)	esci	*(voi)*	uscite
(Lei)	esca	*(Loro)*	escano

INFINITO

Presente	Passato
uscire	essere uscito

GERUNDIO

Presente	Passato
uscendo	essendo uscito

PARTICIPIO

Passato
uscito

3ª conjugação

venire
vir

INDICATIVO

Presente	Passato prossimo	
vengo	sono	venuto
vieni	sei	venuto
viene	è	venuto
veniamo	siamo	venuti
venite	siete	venuti
vengono	sono	venuti

Imperfetto	Trapassato prossimo	
venivo	ero	venuto
venivi	eri	venuto
veniva	era	venuto
venivamo	eravamo	venuti
venivate	eravate	venuti
venivano	erano	venuti

Passato remoto	Trapassato remoto	
venni	fui	venuto
venisti	fosti	venuto
venne	fu	venuto
venimmo	fummo	venuti
veniste	foste	venuti
vennero	furono	venuti

Futuro semplice	Futuro anteriore	
verrò	sarò	venuto
verrai	sarai	venuto
verrà	sarà	venuto
verremo	saremo	venuti
verrete	sarete	venuti
verranno	saranno	venuti

CONGIUNTIVO

Presente	Passato	
venga	sia	venuto
venga	sia	venuto
venga	sia	venuto
veniamo	siamo	venuti
veniate	siate	venuti
vengano	siano	venuti

Imperfetto	Trapassato	
venissi	fossi	venuto
venissi	fossi	venuto
venisse	fosse	venuto
venissimo	fossimo	venuti
veniste	foste	venuti
venissero	fossero	venuti

CONDIZIONALE

Presente	Passato	
verrei	sarei	venuto
verresti	saresti	venuto
verrebbe	sarebbe	venuto
verremmo	saremmo	venuti
verreste	sareste	venuti
verrebbero	sarebbero	venuti

IMPERATIVO

—		*(noi)*	veniamo
(tu)	vieni	*(voi)*	venite
(Lei)	venga	*(Loro)*	vengano

INFINITO

Presente	Passato
venire	essere venuto

GERUNDIO

Presente	Passato
venendo	essendo venuto

PARTICIPIO

Passato
venuto

ẹssere amato
ser amado

O *participio* concorda com o sujeito em gênero e número:
*Carla è amat**a**, i ragazzi sono stat**i** invitat**i**...*

INDICATIVO

Presente		Passato prossimo		
sono	amato	sono	stato	amato
sei	amato	sei	stato	amato
è	amato	è	stato	amato
siamo	amati	siamo	stati	amati
siete	amati	siete	stati	amati
sono	amati	sono	stati	amati

Imperfetto		Trapassato prossimo		
ero	amato	ero	stato	amato
eri	amato	eri	stato	amato
era	amato	era	stato	amato
eravamo	amati	eravamo	stati	amati
eravate	amati	eravate	stati	amati
ẹrano	amati	ẹrano	stati	amati

Passato remoto		Trapassato remoto		
fui	amato	fui	stato	amato
fosti	amato	fosti	stato	amato
fu	amato	fu	stato	amato
fummo	amati	fummo	stati	amati
foste	amati	foste	stati	amati
fụrono	amati	fụrono	stati	amati

Futuro semplice		Futuro anteriore		
sarò	amato	sarò	stato	amato
sarai	amato	sarai	stato	amato
sarà	amato	sarà	stato	amato
saremo	amati	saremo	stati	amati
sarete	amati	sarete	stati	amati
saranno	amati	saranno	stati	amati

CONGIUNTIVO

Presente		Passato		
sia	amato	sia	stato	amato
sia	amato	sia	stato	amato
sia	amato	sia	stato	amato
siamo	amati	siamo	stati	amati
siate	amati	siate	stati	amati
sịano	amati	sịano	stati	amati

Imperfetto		Trapassato		
fossi	amato	fossi	stato	amato
fossi	amato	fossi	stato	amato
fosse	amato	fosse	stato	amato
fọssimo	amati	fọssimo	stati	amati
foste	amati	foste	stati	amati
fọssero	amati	fọssero	stati	amati

CONDIZIONALE

Presente		Passato		
sarei	amato	sarei	stato	amato
saresti	amato	saresti	stato	amato
sarebbe	amato	sarebbe	stato	amato
saremmo	amati	saremmo	stati	amati
sareste	amati	sareste	stati	amati
sarẹbbero	amati	sarẹbbero	stati	amati

IMPERATIVO

—			*(noi)*	siamo	amati
(tu)	sii	amato	*(voi)*	siate	amati
(Lei)	sia	amato	*(Loro)*	sịano	amati

INFINITO

Presente	Passato
ẹssere amato	ẹssere stato amato

GERUNDIO

Presente	Passato
essendo amato	essendo stato amato

PARTICIPIO

Passato
stato amato

venire fatto

ser feito

O *participio* concorda com o sujeito em gênero e número: *la cosa viene fatt**a**...*

INDICATIVO

Presente		Passato prossimo
vengo	fatto	—
vieni	fatto	—
viene	fatto	—
veniamo	fatti	—
venite	fatti	—
vẹngono	fatti	—

Imperfetto		Trapassato prossimo
venivo	fatto	—
venivi	fatto	—
veniva	fatto	—
venivamo	fatti	—
venivate	fatti	—
venịvano	fatti	—

Passato remoto		Trapassato remoto
venni	fatto	—
venisti	fatto	—
venne	fatto	—
venimmo	fatti	—
veniste	fatti	—
vẹnnero	fatti	—

Futuro semplice		Futuro anteriore
verrò	fatto	—
verrai	fatto	—
verrà	fatto	—
verremo	fatti	—
verrete	fatti	—
verranno	fatti	—

CONGIUNTIVO

Presente		Passato
venga	fatto	—
venga	fatto	—
venga	fatto	—
veniamo	fatti	—
veniate	fatti	—
vẹngano	fatti	—

Imperfetto		Trapassato
venissi	fatto	—
venissi	fatto	—
venisse	fatto	—
venịssimo	fatti	—
veniste	fatti	—
venịssero	fatti	—

CONDIZIONALE

Presente		Passato
verrei	fatto	—
verresti	fatto	—
verrebbe	fatto	—
verremmo	fatti	—
verreste	fatti	—
verrẹbbero	fatti	—

IMPERATIVO

—			*(noi)*	veniamo	fatti
(tu)	vieni	fatto	*(voi)*	venite	fatti
(Lei)	venga	fatto	*(Loro)*	vẹngano	fatti

INFINITO

Presente	Passato
venire fatto	—

GERUNDIO

Presente	Passato
venendo fatto	—

PARTICIPIO

Passato
—

lavarsi
lavar-se

Os verbos reflexivos são conjugados, nos tempos compostos, com ẹssere.

INDICATIVO

Presente		**Passato prossimo**		
mi	lavo	*mi*	sono	lavato
ti	lavi	*ti*	sei	lavato
si	lava	*si*	è	lavato
ci	laviamo	*ci*	siamo	lavati
vi	lavate	*vi*	siete	lavati
si	lạvano	*si*	sono	lavati

Imperfetto		**Trapassato prossimo**		
mi	lavavo	*mi*	ero	lavato
ti	lavavi	*ti*	eri	lavato
si	lavava	*si*	era	lavato
ci	lavavamo	*ci*	eravamo	lavati
vi	lavavate	*vi*	eravate	lavati
si	lavạvano	*si*	ẹrano	lavati

Passato remoto		**Trapassato remoto**		
mi	lavai	*mi*	fui	lavato
ti	lavasti	*ti*	fosti	lavato
si	lavò	*si*	fu	lavato
ci	lavammo	*ci*	fummo	lavati
vi	lavaste	*vi*	foste	lavati
si	lavạrono	*si*	fụrono	lavati

Futuro semplice		**Futuro anteriore**		
mi	laverò	*mi*	sarò	lavato
ti	laverai	*ti*	sarai	lavato
si	laverà	*si*	sarà	lavato
ci	laveremo	*ci*	saremo	lavati
vi	laverete	*vi*	sarete	lavati
si	laveranno	*si*	saranno	lavati

CONGIUNTIVO

Presente		**Passato**		
mi	lavi	*mi*	sia	lavato
ti	lavi	*ti*	sia	lavato
si	lavi	*si*	sia	lavato
ci	laviamo	*ci*	siamo	lavati
vi	laviate	*vi*	siate	lavati
si	lạvino	*si*	sịano	lavati

Imperfetto		**Trapassato**		
mi	lavassi	*mi*	fossi	lavato
ti	lavassi	*ti*	fossi	lavato
si	lavasse	*si*	fosse	lavato
ci	lavạssimo	*ci*	fọssimo	lavati
vi	lavaste	*vi*	foste	lavati
si	lavạssero	*si*	fọssero	lavati

CONDIZIONALE

Presente		**Passato**		
mi	laverei	*mi*	sarei	lavato
ti	laveresti	*ti*	saresti	lavato
si	laverebbe	*si*	sarebbe	lavato
ci	laveremmo	*ci*	saremmo	lavati
vi	lavereste	*vi*	sareste	lavati
si	laverẹbbero	*si*	sarẹbbero	lavati

IMPERATIVO

—		*(noi)*	laviạmo*ci*
(tu)	lạva*ti*	*(voi)*	lavạte*vi*
(Lei)	*si* lavi	*(Loro)*	*si* lạvino

INFINITO

Presente	**Passato**
lavar*si*	ẹsser*si* lavato

GERUNDIO

Presente	**Passato**
lavạndo*si*	essẹndo*si* lavato

PARTICIPIO

Passato
lavạto*si*

Regências dos principais verbos

Para quem está aprendendo italiano, uma das dificuldades pode ser a escolha da preposição correta a ser utilizada depois de um determinado verbo. Assim, segue-se uma lista de verbos com exemplos de frases que esclarecem sua regência.

Abreviaturas:
qc = *qualcosa* (alguma coisa), *qu* = *qualcuno* (alguém)
algc. = alguma coisa, alg. = alguém

abusare **di** qc/qu .... Abusare dell'alcool può essere molto pericoloso. – *abusar de algc. / alg.*
accontentarsi **di** qc .... Mi accontento di starti vicino. – *contentar-se com algc.*
accorgersi **di** qc .... Sua madre si accorge di tutto. – *perceber algc.*
accusare qu **di** qc .... Berlusconi è stato accusato di concussione. – *acusar algc. de algc.*
adattarsi **a** fare qc .... Giulia si è dovuta adattare a vivere al piano terra. – *acostumar-se a fazer alg.*
aiutare qu **a** fare qc .... Se vuoi, ti aiuto a preparare le valige. – *ajudar alg. a fazer algc.*
andare **a** fare qc .... Vado a fare la spesa. – *ir fazer algc.*
approffittare **di** qc/qu .... Se non ti dispiace, approffitto della tua gentilezza. – *aproveitar algc. / alg.*
aproffittare **di** qc .... Oliver approffitta dell'assenza dei suoi genitori per fare grandi feste. – *aproveitar-se de algc.*
arrabbiarsi **con** qu **per** qc .. Mi sono arrabbiata con Sandro per il suo disordine. – *zangar-se com alg. por algc.*
ascoltare qu/qc .... Ogni sera a mezzanotte ascolto le notizie in italiano. – *escutar alg. / algc.*
aspettare qu/qc .... Li ho aspettati fino alle 10 e poi me ne sono andata. – *esperar alg. / algc.*
aspettare **di** fare qc .... Aspetto di andare in pensione e poi faccio il giro del mondo. – *esperar até fazer algc.*
assistere **a** qc .... Ho assistito anch'io all'ultimo concerto di Luciano Pavarotti. – *assisitr a algc.*
assistere qu .... Quando mio padre era malato l'ho assistito io. – *assistir alg.*
astenersi **da** qc .... Qualcuno si è astenuto dalle votazioni. – *abster-se de algc.*
attenersi **a** qc .... Per favore attenetevi alle istruzioni! – *ater-se a algc.*
augurare qc **a** qu................ Ti auguro delle belle vacanze. – *desejar algc. a alg.*
augurare **a** qu **di** fare qc .... Ti auguro di fare belle vacanze. – *desejar que alg. faça algc.*
augurarsi **di** fare qc .... Mi auguro di rivederti presto. – *desejar fazer algc.*
basarsi **su** qc .... Spesso è utile basarsi sul proprio intuito. – *basear-se em algc.*

cedere **a** qu/qc .... Ho dovuto cedere alla sua insistenza. – *ceder a alg. / algc.*
cercare **di** fare qc .... Cercava di aiutarlo, ma lui non voleva. – *procurar fazer algc.*
chiedere qc **a** qu .... Giusi mi ha chiesto la macchina per sabato. – *pedir algc. a alg.*
chiedere **di** qu .... Adam ha chiesto di te. – *perguntar por alg.*
chiedere **a** qu **di** fare qc...... Giusi mi ha chiesto di prestarle la macchina. – *pedir a alg. para fazer algc.*
cominciare/ricominciare **da** qc .. „Ricomincio da 3" è il primo film di Massimo Troisi. – *começar / recomeçar por algc.*
cominciare **a** fare qc .... Piano piano, comincio a capire come sei fatto. – *começar a fazer algc.*
commerciare **in** qc .... Il signor Tommasini commercia in stoffe e pellami. – *comerciar algc.*
comporsi **di** qc.................... La commissione di esame si compone di 5 membri. – *compor-se de algc.*
confessare qc **a** qu.............. Ti confesso la mia ignoranza. – *confessar algc. a alg.*
confessare **a** qu **di** fare qc .. Ti confesso di non capire niente. – *confessar a alg. algc.*
confidarsi **con** qu .... Quando ho problemi mi confido sempre con la mia amica Gloria. – *confidenciar-se com alg.*
congratularsi **con** qu **di/per** qc .... Mi congratulo con te per i tuoi bellissimi voti. – *congratular alg. por algc.*
consigliare qc **a** qu .... Le consiglio gli gnocchi alla salvia. – *aconselhar algc. a alg.*
consigliare **a** qu **di** fare qc .. Le consiglio di provare questi gnocchi. – *aconselhar alg. a fazer algc.*
consistere **di** qc .... La casa consiste di tre stanze. – *consistir de algc.*
consistere **in** qc .... In che cosa consiste la differenza? – *consistir em algc.*
continuare **a** fare qc .... Paolo continua a dirmi che mi ama, ma io non ci credo. – *continuar a fazer algc.*
contribuire **a** qc.................. Contribuiamo anche noi alla salvaguardia dell'ambiente! – *contribuir para algc.*
convincere qu **di** qc .... L'ho convinto della mia innocenza. – *convencer alg. de algc.*
convincere qu **a** fare qc ...... Mi ha convinto a partire con lui. – *convencer alg. a fazer algc.*
costringere qu **a** fare qc .... Non mi costringere a prendere provvedimenti. – *obrigar alg. a fazer algc.*
credere **a** qu/qc .... Credo ciecamente alla sua versione dei fatti. – *crer em alg. / algc.*
credere **in** qu/qc .... Giovanni crede molto in Dio. – *crer em alg. / algc.*
credere **di** avere fatto qc .... Credevo di avere capito tutto ma non era vero. – *crer ter feito algc.*
decidere **di** fare qc............. Mimma ha deciso di diventare più ordinata. – *decidir fazer algc.*
dichiarare **di** fare qc .... L'accusato ha dichiarato di essere innocente. – *declarar fazer algc.*

dimenticare di fare qc .... Ho dimenticato di telefonare a Francesca. – *esquecer-se de fazer algc.*

dire qc **a** qu .... Dimmi tutta la verità! – *dizer algc. a alg.*

dire a qu **di** fare qc .... Gli ho detto di non telefonarmi più. – *dizer para alg. fazer algc.*

discutere di/su qc .... Abbiamo discusso di politica tutta la notte. – *discutir algc. / sobre algc.*

disporre di qc/qu .... Non disponevo di molti soldi quando ero studentessa. – *dispor de algc. / alg.*

distinguersi da qu/qc .... La cucina francese si distingue dalle altre per la sua raffinatezza. – *distinguir-se de alg. / algc.*

distinguersi per qc .... Monica si distingue sempre per la sua eleganza. – *distinguir-se por algc.*

domandare di qu .... Non domandare sempre di Alessandra, è partita per l'America. – *perguntar de alg.*

domandare qc **a** qu............ Domando la chiave a mia madre. – *perguntar algc. a alg.*

dubitare di qu/qc................ Gianni dubita sempre di sè stesso e delle sue capacità. – *duvidar de alg. / algc.*

evitare di fare qc .... Evitiamo di fare tardi stasera, se è possibile! – *evitar fazer algc.*

fidarsi di qu .... Mi fido ciecamente di Giuliano. – *confiar em alg.*

fingere di fare qc................ Fingeva di non capire ma si vedeva che non era vero. – *fingir fazer algc.*

finire di fare qc .... Quando ho finito di studiare vado in Brasile. – *terminar de fazer algc.*

fondarsi su qc .... Ciò si fonda sul fatto che non tutti hanno capito quello che ho detto. – *fundamentar-se em algc.*

fregarsene di qu/qc............ Non me ne frega niente della sua situazione. – *não ligar para alg. / algc.*

giurare di fare qc................ L'accusato ha giurato di essere innocente. – *jurar fazer algc.*

guardarsi da qu/qc .... Ragazzi, guardatevi dalle cattive compagnie! – *evitar alg. / algc.*

illudersi di essere qc .... Si illudeva di essere il più bravo. – *ter a ilusão de ser algc.*

imparare qc **da** qu.............. Ho imparato l'ungherese da un mio amico. – *aprender algc. com alg.*

imparare a fare qc.............. Devi imparare ad ascoltare prima di parlare. – *aprender a fazer algc.*

impedire a qu **di** fare qc .... Mia madre mi ha impedito di venire alla tua festa. – *impedir alg. de fazer algc.*

incominciare a fare qc........ Oggi incomincio a lavorare nella ditta di mio padre. – *começar a fazer algc.*

incoraggiare qu **a** fare qc .. Roberta incoraggiava sempre sua figlia a studiare di più. – *encorajar alg. a fazer algc.*

informarsi su/di qc/qu........ Dopo mi informo sugli orarai dei treni per Udine. – *informar-se sobre / de algc. / alg.*

insegnare qc **a** qu .... Insegno l'italiano ai tedeschi dal 1978. – *ensinar algc. a alg.*

insegnare a qu **a** fare qc .... Se vuoi, ti insegno a usare il computer. – *ensinar alg. a fazer algc.*

insistere su qc .... Insisto ancora una volta sulle mie proposte. – *insistir sobre / em algc.*

intendersi di qc .... Mi intendo molto di fotografia. – *entender de algc.*

interessarsi di qu/qc .... Mi interesso molto di letteratura. – *interessar-se por / em alg. / algc.*

innamorarsi di qu/qc .... Mi sono innamorata di Raffaele e soprattutto della sua sincerità. – *enamorar-se por alg. / algc.*

invitare qu **a** qc .... Il 14 luglio vorrei invitarti alla mia festa di compleanno. – *convidar alg. para algc.*

invitare qu **a** fare qc .... Ti invito a parlare più lentamente. – *convidar alg. para fazer algc.*

iscriversi a qc .... Mi sono iscritta all'Università di Venezia. – *inscrever-se em algc.*

lamentarsi di qc/qu .... Gianna si lamenta sempre del suo lavoro. – *lamentar-se de algc. / alg.*

limitarsi a qc .... Dovremmo limitarci all'essenziale. – *limitar-se a algc.*

limitarsi a fare qc................ Mi limiterò a dire... – *limitar-se a fazer algc.*

meritare di fare qc............. Sandro non merita di essere trattato così male. – *merecer fazer algc.*

mettersi a fare qc .... Domani mi metto a studiare per l'esame di francese. – *pôr-se a fazer algc.*

occuparsi di qu/qc .... Mi occupo di linguistica. – *ocupar-se de alg. / algc.*

parlare con qu **di** qc/qu ...... Ieri ho parlato con Gloria del suo ragazzo. – *falar com alg. de algc. / alg.*

partecipare a qc .... L'Italia ha partecipato ai mondiali di calcio. – *participar de / em algc.*

pensare a qu/qc................. Penso spesso a Daniele e alle nostre vacanze in Sardegna. – *pensar em alg. / algc.*

pensare qc **di** qu/qc .... Che cosa pensi degli Italiani e della loro mentalità? – *pensar algc. de alg. / algc.*

pensare di fare qc .... Quando pensi di partire? – *pensar em fazer algc.*

perdonare qc **a** qu.............. La signora Rossi perdona sempre i ritardi a suo marito. – *perdoar algc. a alg.*

perdonare qu **di** avere fatto qc .... Va beh', ti perdono di avermi fatto aspettare così tanto. – *perdoar alg. por ter feito algc.*

pregare qu **di** fare qc .... Ti prego di venire puntuale, stasera. – *pedira a alg. que faça algc.*

preoccuparsi di/per qu/qc .... Non ti preoccupare per me, sto bene. – *preocupar-se com alg. / algc.*

preoccuparsi di fare qc .... Maurizio si preoccupa sempre di essere gentile. – *preocupar-se em fazer algc.*

prepararsi a qc .... Massimo si sta preparando alla visita di sua madre. – *preparar-se para algc.*

promettere qc **a** qu .... Mi promette la luna e poi non succede mai niente. – *prometer algc. a alg.*

promettere di fare qc .... Ti prometto di non parlare più di Roberto. – *prometer fazer algc.*

proporsi di fare qc .... Mi propongo sempre di essere ordinata e poi... – *propor-se a fazer algc.*

proteggere qu/qc **da** qu/qc .... L'ombrello ci protegge dalla pioggia. – *proteger alg. / algc. de alg. / algc.*

provare a fare qc .... Provo a cercarlo sul lavoro. – *tentar fazer algc.*

provvedere a qc/qu .... Non ti preoccupare, provvedo a tutto io! – *cuidar de algc. / alg.*

raccontare qc **a** qu .... Mimma mi ha raccontato che Flavia è già partita. – *contar algc. a alg.*

raccontare di qc/qu .... Se vuoi ti racconto della mia infanzia in Italia. – *contar de algc. / alg.*

rassegnarsi a fare qc .... Gaia si è rassegnata a partire soltanto il 30 agosto. – *conformar-se em fazer algc.*

reagire a qc/qu .... Devi reagire a questa situazione. – *reagir a algc. / alg.*

riconoscere qu/qc **da** qc .... L'ho riconosciuto dalla voce. – *reconhecer alg. / algc. por algc.*

ricordare qc **a** qu .... Ti ricordo il tuo appuntamento con Daniel domani sera. – *lembrar algc. a alg.*

ricordarsi di qc .... Mi devo assolutamente ricordare del compleanno di Paola. – *lembrar-se de algc. / lembrar algc.*

ricordare/ricordarsi di fare qc .... Mi devo ricordare di passare dal giornalaio. – *lembrar-se de fazer algc.*

riempire qc **di** qc .... Riempio la mia stanza di cose inutili. – *encher algc. de / com algc.*

rifiutare/rifiutarsi di fare qc .... Roberto si è rifiutato di aiutare sua moglie. – *recusar-se a fazer algc.*

ringraziare qu **di/per** qc .... Ti ringrazio molto per la / della tua pazienza. – *agradecer alg. por algc.*

rinunciare a qc .... Quest'anno non voglio rinunciare alle vacanze in Italia. – *renunciar a algc.*

rischiare di fare qc .... Rischiamo di perdere l'aereo se non ci muoviamo. – *arriscar-se a fazer algc.*

rispondere a qu .... Gli ho risposto di no. – *responder a alg.*

rispondere **a** qc .... Rispondo sempre alle lettere che ricevo. – *responder a algc.*
rispondere **di** qu/qc .... Rispondo io dei miei figli. – *responder por alg. / algc.*
ritornare **su** qc .... Se vuoi, ritorniamo sull'argomento. – *voltar a algc.*

sapere qc **di** qu/qc .... Tutto quello che so di lui, è che molto simpatico. – *saber algc. de alg. / algc.*
sapere qc **da** qu .... Ho saputo tutto da mio fratello. – *saber algc. sobre alg.*
sapere **di** qc .... Questa minestra sa di bruciato. – *saber a algc.*
scusarsi **con** qu **di/per** qc.... Mimmo si è scusato con lei per non averla più chiamata. – *desculpar-se com alg. de / por algc.*
servire qu .... Perché servire sempre i potenti? – *servir a alg.*
servire qc .... Ada mi ha servito un tiramisù favoloso. – *servir algc.*
servire **a** qc .... A che cosa mi serve questa cosa? – *servir para algc.*
servire **da** qc .... Questo locale serve da magazzino. – *servir de / como algc.*
servirsi **di** qc........................ Quando posso mi servo sempre dei mezzi pubblici. – *servir-se de algc.*
sognare **(di)** qu/qc .... Ho sognato (di) una spiaggia bellissima e (di) un ragazzo stupendo. – *sonhar com alg. / algc.*
sognarsi **di** fare qc .... Non ti sognerai mica di uscire con questo tempo!? – *sonhar em fazer algc.*
sospettare qu **di** qc .... La signora Bianchi sospetta suo marito di tradimento. – *suspeitar alg. de algc.*
sospettare qc **in** qu .... Non sospettavo tanta pazienza in lui. – *suspeitar de algc. de alg.*
sostituire qu/qc **a/con** qu/qc .... Bisogna sostituire la lampadina fulminata con una alogena. – *substituir alg. / algc. por alg. / algc.*

telefonare **a** qu .... Telefono a Renato e poi ti faccio sapere. – *telefonar a alg.*
temere **di** fare qc................ Temeva di arrivare troppo tardi. – *temer fazer algc.*
tentare **di** fare qc................ Ho tentato di imparare l'ungherese ma è una lingua molto difficile. – *tentar fazer algc.*
tradurre qc **da** qc .... Devo tradurre questo testo dall'inglese. – *traduzir algc. de algc.*
trattare/trattarsi **di** qc........ Qui si tratta di vita o di morte! – *tratar / tratar-se de algc.*

vantarsi **di** qc....................... Lui si vanta sempre della sua bellezza. – *gabar-se de algc.*
vendicarsi **di** qc .... Giuseppe si è vendicato del torto subito. – *vingar-se de algc.*
vergognarsi **di** qu/qc .... Non ti vergognare mai delle tue origini. – *envergonhar-se de alg. / algc.*

Lista de verbos em ordem alfabética

Segue-se uma lista, em ordem alfabética, dos principais verbos regulares e irregulares italianos. Ao lado de cada verbo consta o número do verbo deste livro cujo modelo de conjugação ele segue.

Os verbos cujos tempos são conjugados com auxílio do verbo *essere* estão indicados por < + *E* >. Os verbos cujos tempos compostos são conjugados com os auxiliares *avere* e *essere* estão indicados por < + *A/E* >. Todos os demais verbos têm os tempos compostos conjugados com o auxiliar *avere*.

<u>Outras abreviaturas:</u>

⊖ = não há
cond. = *condizionale presente*
fut. = *futuro semplice*
p.p. = *participio passato*
p.r. = *passato remoto*
pres. = *presente*
verbo imp. = *verbo impersonale* (verbo impessoal)

A

Verbo	Modelo
applaudire	101/104
abbagliare	14
abbaiare	13
abbellire	104
abbigliare	14
abboccare	7
abbracciare	6
abbreviare	13
abbrustolire < + *A/E* >	104
abbrutire	104
abdicare	7
abolire	104
aborrire	104/101
abortire	104
abrogare	11
accadere < + *E* >	18
accalappiare	13
accalcare	7
accanirsi < + *E* >	104
accapigliarsi < + *E* >	14
accasciarsi < + *E* >	9
accecare < + *A/E* >	7
accendere	83
accerchiare	13
accingersi < + *E* >	69
accludere	20
accogliere	21
accondiscendere	83
acconsentire	101
accoppiare	13
accorciare < + *A/E* >	6
accorgersi < + *E* >	94
accorrere	57
accovacciarsi < + *E* >	6
accrescere < + *A/E* >	58
accucciarsi < + *E* >	6
accudire	104
acquisire	104
acuire	104
adagiare	10
addirsi < + *E* >, ⊖ *p.r.*, ⊖ *p.p.*	25
addivvenire	113
addolcire	104
addolcirsi < + *E* >	104
addomesticare	7
addurre	23
adempiere	22
adempiere	22
adempire	109
aderire	104
adibire	104
adocchiare	13
affacciarsi < + *E* >	6
affaticare	7
affiancare	7
affibbiare	13
affievolirsi < + *E* >	104
affiggere	**49**
affliggere	68
afflosciarsi < + *E* >	9
affluire < + *E* >	104
affogare < + *A/E* >	11
affrancare	7
affumicare	7
agganciare	6
agghiacciare < + *A/E* >	6
aggiogare	11
aggiungere	73
aggredire	104
aggregare	11
aggrovigliare	14
agire	104
albeggiare < + *E* >	10
albergare	11
allacciare	6
allargare	11
allegare	11
alleggerire	104
allestire	104
alleviare	13
allibire < + *E* >	104
alloggiare	10
alludere	20
allungare	11
amare	**3**
ambire	104
ammaccare	7
ammaliare	5
ammattire < + *E* >	104
ammettere	77
ammiccare	7
ammobiliare	13
ammonire	104
ammorbidire < + *A/E* >	104
ammucchiare	13
ammuffire < + *A/E* >	104
ammutolire < + *A/E* >	104
amnistiare	5
ampliare	5
amplificare	7
andare < + *E* >	**4**
angosciare	9
angustiare	13
annaffiare	13
annebbiare	13
annegare < + *A/E* >	11
annerire < + *A/E* >	104
annettere	88
annichilire < + *A/E* >	104
annoiare	13
annuire	104
annunciare	6
annunziare	13
anteporre	34
appagare	11
appaiare	13
apparecchiare	13
apparire < + *E* >	**102**
appartenere < + *A/E* >	43
appassire < + *E* >	104

D

E

F

G

I

L

M

N

O

P

Q

R

S

T

U

V

X

Z